親子広場 ドレミファ ごんちゃん

0歳からの憩いのおうち
安明寺ビハーラの家

武富 緑

クリエイツかもがわ
CREATES KAMOGAWA

親子広場（ドレミファごんちゃん）は安明寺ビハーラの家・古民家を利用しています。

古民家

石垣の続く坂道の途中にあり、ぶどう畑に囲まれたおよそ築一〇〇年の古民家。黒く太い梁。真っ白な漆喰の壁。正面には仏壇が置かれ日本家屋のあたたかさに包まれている。

「実家のような」「どこか懐かしい」空間に、初めて訪れる子もママがリラックスしているためかすんなり溶け込める。

保育占有ではなく大人もゆったりできる雰囲気のため、ママとだけでなくパパや祖父母とも抵抗な

❷-1

❷-2

❸

く利用できる。畳にごろんと赤ちゃんを寝かし、縁側では並んで座ってひなたぼっこ。慣れてくると「ただいま～」とやって来る。

ボランティアの方々が花壇を手入れし、梅、桜、すずらん、ブルーベリー、バラなど四季折々の花が咲く。ハーブを摘んでハーブ茶も楽しめる。夏には野菜の収穫も。子どもたちはドロドロ、びちょびちょになって水やり、草引きのお手伝い。

子育て親子だけでなく地域の方々が趣味やおしゃべりに、このビハーラの家を「隠れ家的憩いの家」として使っている。

❶ビハーラの家
❷周辺のぶどう畑
❸ビハーラの家に続く坂道

音楽

●親子リズム（週三回）…鳴子・タンバリン等の打楽器や歌、ダンス、音楽付き絵本など、音楽によるふれあい遊び

①音楽を通して親子が笑顔で触れ合い、家庭でも楽しめるようにと取り組んでいる。友だちとまだうまく関われない時期だが、「音遊びで一緒に遊ぶ」楽しさを学ぶ。

②童謡・唱歌などを子どもたちに歌い継ぎたい。一〇〇歳の足踏みオルガンを囲んで音楽が溢れる。

③就学前はコンサートホールに入れないことが多いが、この時期にこそ本当の音色、音楽に触れ、感じてほしいと考え、親子で楽しめるコンサートを行う。これま

❹❻❼❽親子のための音楽会
❺足踏みオルガン

でに…足踏みオルガン、バイオリン、フルート、クラリネット、声楽、馬頭琴、ミュージックベル

相談事業

専門家による発達相談・助産師による母性相談をそれぞれ月一回。

①著しく発達する子どもに今、どのような言葉かけ、接し方をすれば親も子も心にゆとりが生まれるか、講師にアドバイスを得る。

②発達に問題があると思われる場合は、早期対応する。

③自分の子育てを見つめ直す時間をもち、語り合うことで不安を解消する。

これまでのテーマ…言葉の発達・

四季折々の行事

子どものこだわり・手指を使った遊び・おっぱい・虫歯・乳幼児の性教育・乳がんの早期発見など

見守りボランティア

歴史ある寺院と地域とのつながりが基盤となっていて、広場運営の主旨を理解いただいた見守りボランティア約二〇名の方に支えられている。午前午後、二名ずつ交代で受付や掃除、お茶の準備などをしながら親子と交流。「よく来たね」「風邪治った?」と声をかけ、気にかけてもらうことが利用者にとってうれしい。地域の方ばかりなので広場以外でも出会い、声をかけ合えるのでまさに子育て中の親子を地域で見守ってい

ただいている。利用に際して細かいルールを作らずとも、ボランティアの方々への感謝の気持ちが居心地のよい広場を維持している。

I《アイ》can《キャン》登録ボランティア

手作りお菓子・パソコン・英語であそぼう・絵本読み聞かせ・折り紙・押し花など、広場で特技を活かせる方に登録していただいている。利用者自身の登録もあり、子育て中でも自分のできることを発揮する場となっていて、さまざまな講座、教室が開かれている。

ティーホッとサロン

大人へ飲み物（お菓子付き）を

一〇〇円で提供。お茶を飲み、ホッとすることが悩みを話すきっかけにもなる。ボランティアの手作りお菓子は大人気。

ごんちゃん文庫

〇歳～三歳向けの絵本、子育てのヒントになる本を置き、スタッフにより読み聞かせを行っている。

❾母性相談・ベビーマッサージ
❿読み聞かせ
⓫ランチ
⓬保育士さんと遊ぼう
⓭安明寺

はじめに

「親子広場ドレミファごんちゃん」……このちょっと変わった名前の子育て支援広場が、大阪府柏原市のつどいの広場として活動するようになり、二〇一六年でちょうど一〇年になりました。市から「最低でも一〇年は続けてください」と運営の依頼を受けたとき、「そんな先のことまで約束できるだろうか」と不安もありましたが、みなさまのご協力で続けることができ、年間のべ二五〇〇人を超える方々との出会いはかけがえのないものとなりました。

一〇周年の記念行事をどうしようかと考えているとき、ごんちゃんで発達相談をお願いしている青木道忠先生に「毎月発行している『ごんちゃん通信』のコラム〈春夏秋冬〉をまとめて本にしてはどうか」と提案していただきました。現在、『ごんちゃん通信』は一三〇号。「春夏秋冬」では、私自身の子育てや日常で感じたことを綴ってきました。またコラム「ごんちゃんのひとこま」では集う親子とのやりとりや様子をご紹介しています。それは、私自身を見つめる作業にもなっています。活動を通して育てていただき、感じてきたことを形に残すことにしました。

コラムのほか、ごんちゃんに来られている方の声や運営にご協力いただいているボランティアのみなさまの思い、また年に一度、龍谷大学臨床心理学部の学生の見学を受け入れていますが、後日、学生から寄せられたごんちゃんを初めて体験した感想と、それに対する私からの返信文も載せました。

ある一人のお母さんから復職を機にメールをいただきました。「ごんちゃんという場で出会った親子、ボランティアさん、スタッフのみなさんの励ましに支えられてきました。生きる糧を与えていただいたことに感謝の気持ちでいっぱいです」子育て真っ最中の若いお母さんが、このようなメッセージを私たちスタッフに「伝えたい」と思わせる家庭での大きな出来事とごんちゃんでの「出遇い」がありました。

一〇年のあゆみを振り返り、記録としてまとめることで、あたたかい気持ちを共有し、辛い苦しいときにこそ支えとなった「親子広場ドレミファごんちゃん」でのさまざまなご縁に感謝いたします。

二〇一七年　一〇月

武富　緑

親子広場ドレミファごんちゃん　もくじ

プロローグ

ドレミファごんちゃんって、どんなところ？

歴史ある地域にある、ドレミファごんちゃん

大阪府柏原市は大和川と石川の合流点で、有数の古墳や寺院の密集地。生駒山の麓で、この地域にあった河内六寺のひとつ智識寺の大仏が聖武天皇による奈良・東大寺の大仏建立のきっかけになりました。また、すぐ近くを平安時代初期の貴族・歌人である在原業平が、大和国と河内国を行き来した際に通ったとされる業平道があります。明治以降はぶどう栽培が盛んに行われ、昭和初期には全国一の産地となったこともありました。ワインの醸造も大正の頃から行われています。浄土真宗本願寺派法燈山安明寺は石垣の美しい坂道の途中にあり、近隣には今もぶどう畑が広がっています。安明寺は三八〇年前の寛永五年創建で、現在は第一二世大橋覚音住職が務めています。

私はその安明寺に生まれ、結婚、出産後も近くに住み、僧侶として生活しています。

ドレミファごんちゃんができるまで

私は子どもの頃、幼稚園が大嫌いでした。というより、友だちと一緒にワイワイと遊ぶこと自体が好きではありませんでした。一日中、園庭の遊具の中に隠れていたこともあります。また、鬼ごっこ、すごろく、トランプ、ハンカチおとし……など、子どもの遊びにはつきものの、勝ち負けを競うゲーム遊びは特に嫌でした。家で妹とリカちゃん人形で遊んだり、ピアノを弾いたりするのが好きで、できることなら、そっとしておいてほしいと思っていました。だから、小学三年生まで特定の友だちはいませんでした。休み時間や放課後も友だちと外で遊ぶことは嫌いで、誘われても苦痛で楽しいと思いませんでした。

転機は中学二年生のとき、クラスのみんなから無視され、半年ほどひとりぼっちになりました。そのとき、初めて友だちがいないことを「寂しい」と感じました。そして「変わりたい」「これではだめだ」という気持ちが持てました。振り返れば、これまでに何度も、出会った人や起こった出来事を受けとめていく経験のおかげで進むべき方向が開けました。

大人になった今も、ゲームやスポーツは苦手で、人とのやりとりに過敏なことは変わっていませんが、年間のべ三〇〇〇人もの方々とお話しする生活をするようになるとは思いもよりませんでした。

子育て支援の原点

子育て支援の原点となった出会いがありました。大学を卒業してすぐ、ふと新聞を見ると「支援募集」の記事に目が止まりました。先天性疾患をもっている一歳のRくんが、発達成長に有効といわれている訓練を自宅で取り組むための介助ボランティアの募集でした。ご両親は運動機能・呼吸・言語・栄養などの研修をアメリカで受け、二四時間、分刻みでこのプログラムを実践されていました。週二回、数時間のお手伝いは、Rくんが小学生になる頃まで続きました。伺うたびに、Rくんの四歳のお姉ちゃんが「Rのためにおせわかけます」とペコリと頭を下げてくれる姿が思い出されます。

私が結婚し、不妊治療を経て出産する過程で、Rくんのお母さんにさまざまなアドバイスをいただき、細胞レベルで体質を改善することなど、不妊で悩む私にとっても必要な学びとなりました。何より、子どものためにできる限りを尽くすとは、どういうことかを強烈に見せていただきました。

不妊治療を経て

二〇〇〇年に五年間の不妊治療を乗り越えて、待望の第一子を授かりました。妊娠がわかった日から大量の出血が始まり、五か月まで入院し、二四時間点滴。その後、退院したものの、出血はおさまらないまま三〇週で破水。即、入院。二四時間点滴を再開し、寝たまま排泄、食事、もちろんお風呂にも入れない絶対安静が続きました。肺の機能が完成するまで、なんとかおなかの中で育てたいと願いながら、三三週で張り止めの点滴が効かなくなり、予定日より一か月半早い出産でした。大きな産声は肺ができていた証拠です。顔も見ることができず、抱っこもできず、保育器へと運ばれて行きましたが、わが子の泣き声はしっかり聞こえ、性別を確かめることも忘れて安堵しました。

一七七二グラムの女の子。回復室でようやく教えられました。黄疸、無呼吸発作、未熟児の視覚障害の可能性……さまざまな説明を受けながら、こんな出産になってしまったことを子どもや家族に「申し訳ない」という気持ちと、これからの子育てを見通せなくて、医師の怖い説明も何がどう大変なのかよく理解できませんでした。

その中で、はっきりとしていたことは「どんなことがあっても、受けとめて育てる」ということで、それはまったく揺らぎませんでした。お母さんになりたくてなりたくて、つらい治療を続けてきたのですから、弱音を吐くことはできませんでした。助産師さんに初めて「お母さん」と呼ばれたときの感激は忘れられません。

乗り越えるちから

人生設計において、母になることは当たり前と思っていました。「つくり方、知らんのか?」というセクハラ発言。「不妊治療してまで子どもはいらんわあ」という、すでに子育て中の友人の説得力のない意見。今も、心に突き刺さっています。ではあのとき、どんな言葉がほしかったのでしょう。

あたたかな記憶は、妊娠してすぐに始まった北九州市の不妊治療専門病院の産科病棟で、六か月に及ぶ入院生活での友人たちとのおしゃべりです。皆、それぞれにさまざまな厳しい妊娠生活を継続していて「無事に出産できるか」という言葉にできない不安を抱えながら、育児グッズカタログを囲んだ他愛もない語らい。あの気持ちに寄り添い、支えあった時間が、今の私の人との関わり方の基盤になっています。

彼女たちとは今も、子どもの成長を報告しあい、そのたびに、子どもを授かり育てている幸せをかみしめています。それと同時に、治療を断念した友人、出産にいたらなかった友人を想うのです。

「受け入れていかねばならない苦しみが人生にはあるということ、またそれを乗り越える力が人間にはあり、人との関わりで、その力は強くなるということ」を教わりました。

友だちとなら楽しめるかも

赤ちゃんが生まれたら、いっぱい歌を歌ってあげようと心待ちにしていたにも関わらず、寝る・食べる・お風呂に入れる・着替えさせる……に必死で、そんな余裕もないまま、一年が経ちました。

「せっかく音楽講師なのだから、何人かママ友に声をかけるから、リズム遊びをしてほしい」と、私より一年遅く出産した私の妹に言われ、実家のお寺の本堂で親子のためのリズム遊びを毎週一回、午前中に始めることになりました。当時は、兵庫県に住んでいたので、毎週、車に長女を乗せて通いました。おっぱいを飲ませて、眠くなる頃に出発するのですが途中で起きてしまい、泣かせながら高速道路を走ったこともありました。

やがて、リズム遊びの後、おしゃべりに花が咲くので、うどんやカレーを作っておき、みんなと一緒にランチをするようになりました。すると、子どもたちはお昼寝タイムとなり、そうなるとおやつの時間と続き、やがて、夕方まで過ごす「子育てサロン」となっていきました。スタートは五組ほどでしたが、口コミで増えていき、一五組ほどになりました。リズム遊びにとどまらず、簡単工作、絵本読み聞かせなど、子どもが喜びそうなことをメニューに取り入れ、遠くの公園への遠足やプール遊びなど、四季折々の行事を計画しました。

「子育てサロン」を始めてすぐ感じたのは、子どもが楽しめるメニューだけではなく、私も含めて、お母さんたちが求めているのは、子育ての悩みや心配を子育て仲間とおしゃべりする時間であるということでした。一日中、赤ちゃんと向き合う毎日の中で、ママ友と一緒に過ごすランチやティータイムは、本当に楽しく、日頃のモヤモヤした気持ちなんて吹き飛びました。

しかし、お付き合いが長くなると、子どもの発達や健康、家庭の深刻なことや、ママ友との人間関係、子ども同士のトラブルなど、私だけでは判断できない相談を受けるようになり、お寺の坊守《ぼうもり》（お寺をあずかる女性のこと）でもあり、当時、民生委員でもあった私の母に対応してもらうことや、青木道忠先生、矢場清栄先生のご指導が必要になっていきました。

柏原市のつどいの広場
「親子広場ドレミファごんちゃん」開設

二〇〇六年、安明寺は近隣の土地を参拝駐車場として所有することになり、そこに建っている築一〇〇年の古民家をリフォームして使える状態にし、安明寺の附属施設「ビハーラの家」として地域の方に利用していただくことになりました。

それと同時に思わぬ依頼がありました。

市内の公立保育所では毎週一回園庭を開放していて、その受付を民生委員が当番制で担当しています。当時、民生委員だった母が担当している保育所の所長先生が、異動になり柏原市の子育て支援改革を担うことになりました。柏原市の「つどいの広場」を初めて立ち上げるということで、母から聞いていたお寺での子育てサロンを見学に来られました。親子が集う様子に「これこそ市がすべき取り組みです。ぜひ、ここをつどいの広場にしたい」ということになり、市の子育て支援事業としての運営の依頼を受けました。利用者の対象は柏原市在住の三歳までの子どもとその保護者で、最低でも週三日、一日六時間開放が必要なことなどの条件の説明を受け、そして、それが宗教法人の建物でも可能であることを確認しました。

母は、これまでの経験から、つどいの広場の活動を始めるには、まず、相談に応じられる専門家に継続して来ていただくこと、信頼できるボランティアチームをつくること、私をサポートしてくれる常勤スタッフを依頼することを提案しました。

長く地域の母子訪問ケアに尽力されていて私自身お世話になっていた助産師の矢場清栄先生に母性相談を、長年、障害児学級の教育を経験されておられた青木道忠先生に発達相談をまずお願いして、月一回来ていただくことを快くお引き受けいただきました。

そして地域区長に依頼し、女性会役員や福祉委員の方々に公民館にお集まりいただいて、市の職員立会いのもと、安明寺でのつどいの広場開設の経緯を説明し、ご理解ご協力を求めました。

つどいの広場に対応するため、古民家をリフォームする際に子ども用便座のトイレ、裏庭にシャワー設備、個人情報管理のための施錠できる事務所を設置しました。

　見守りボランティアは、この活動に賛同してくださり、親子への対応をお任せできる方にお願いし、三〇名のご門徒や地域の方のご協力を得ることができました。地区の福祉委員会も子育て支援の取り組みとしてご協力いただくことになりました。ボランティア活動のペースは、ご自身の都合に合わせて、ひと月の開館日カレンダーに名前を書いていただくシステムにしました。

　サポートをしてくれる常勤スタッフは、地域の子ども会で知り合いに

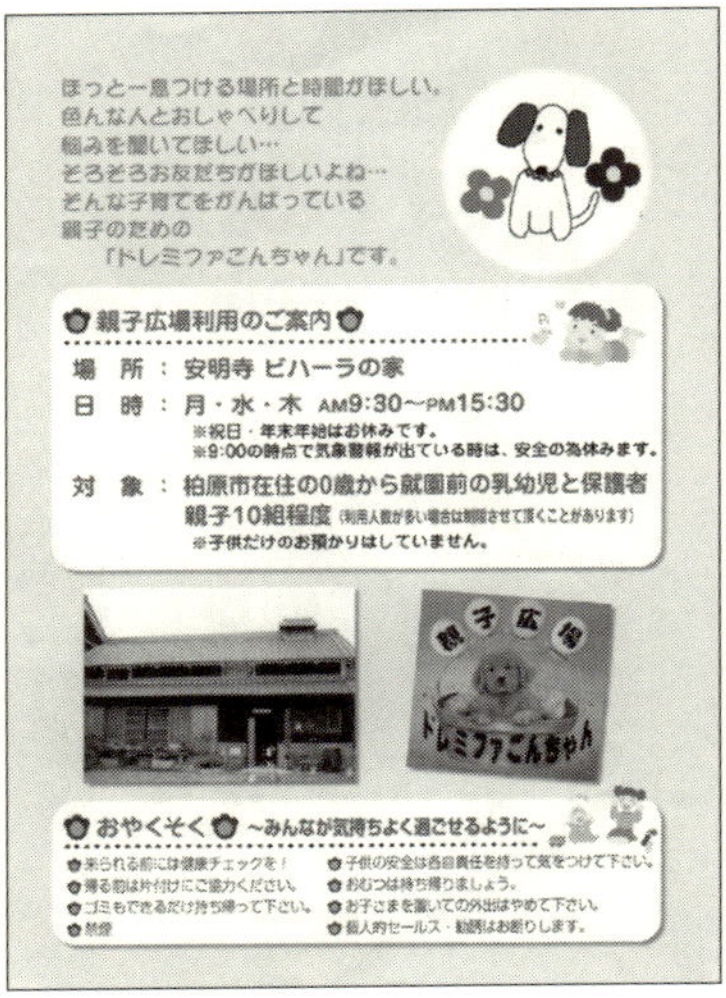

なった幼稚園教諭資格をもつ方に依頼しました。

利用案内パンフレット（写真）、利用登録名簿、受付名簿作成などの事務仕事は、パソコンを使ったことがなかった私を、友人がサポートしてくれました。

図書館司書の妹は、絵本を選び「ごんちゃん文庫」をつくりました。

ごんちゃんの代表には、安明寺の総代に依頼し、第三者の目が入るようにしました。

こうして、二〇〇六年八月にリフォームが完成し「ビハーラの家」と名付けられ、九月に「柏原市つどいの広場ドレミファごんちゃん」が開設されました。

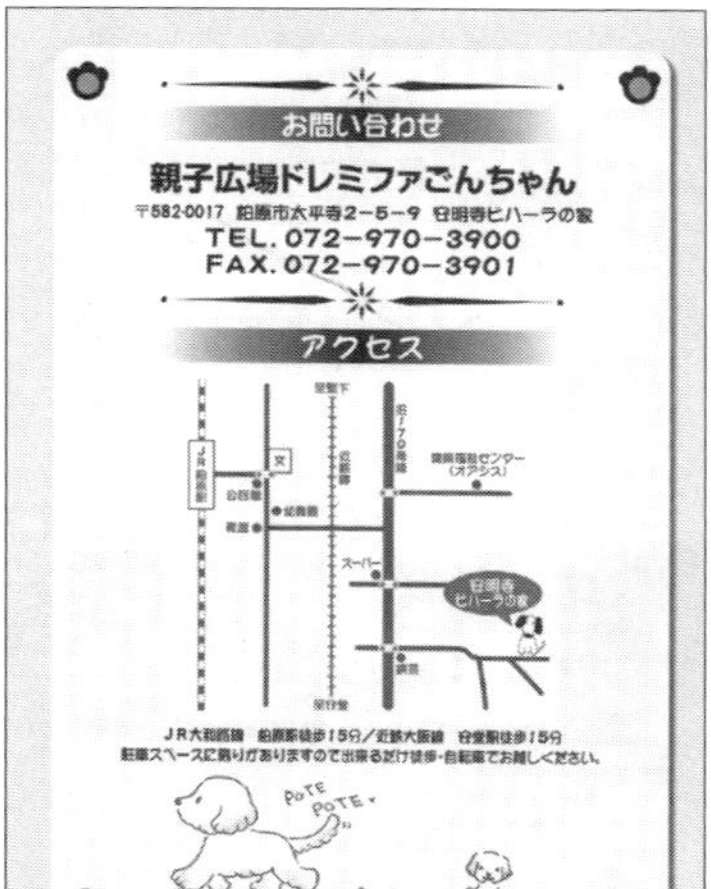
お問い合わせ

親子広場ドレミファごんちゃん

〒582-0017 柏原市太平寺2－5－9 安明寺ビハーラの家
TEL. 072－970－3900
FAX. 072－970－3901

アクセス

JR大和路線 柏原駅徒歩15分／近鉄大阪線 安堂駅徒歩15分
駐車スペースに限りがありますので出来るだけ徒歩・自転車でお越しください。

2006.9発行 予告なく内容を変更することがあります。

メニュー	日時	内容	費用
ごんちゃんリズム	月曜日・水曜日（11:30～12:00）	【[illegible]】楽器や歌やダンス。親子で体いっぱい音楽を楽しもう!	無料
ごんちゃん文庫	随時	素敵な絵本や子育てのヒントになる本があります。	無料
絵本の読み聞かせ	月曜日・木曜日（11:00～13:30～）	文庫ボランティアによる読み聞かせ。	無料
子育て講座		内容・日時は随時お知らせ。	無料
お楽しみ教室		手作りおやつ・折り紙などみんなでわいわいリフレッシュ。内容・日時は随時お知らせ。	実費（材料費）
季節の行事		コンサート、ぶどう狩り、水遊び、作品展など。四季折々を子供たちと楽しもう。	無料
ティーホッとサロン	随時	古民家をリフォームした温かなどこか懐かしい空間でホッとしたひと時を♪1ドリンク・お菓子付き ※昼食・子供の飲食物は各自ご用意下さい。	大人200円
母性相談	第4水曜日（10:00～11:00）	【助産師 [illegible]】心配・気になっている事を専門家が相談に応じます。	無料
子どもの発達相談	第2木曜日（10:30～11:30）	【発達相談員 [illegible]】心配・気になっている事を専門家が相談に応じます。	無料

ごんちゃんスタッフ

代表：[illegible]
スタッフ：[illegible]
見守りボランティア：
かわいい子ども達とその子育てを見守る、地域のボランティアのみなさん

私たちは一人ひとり大切な宝物である子ども達を地域みんなで見守り、その成長を応援していきます。

活動概要　～こんな活動をしています～

２０１７（平成29）年度現在

【相談事業】

発達相談…第四水曜午前　担当：青木道忠先生
母性相談…第四木曜午前　担当：矢場清栄助産師

【親子リズム】

週３日　11時～30分間

【スタッフ】

常　勤　武富　緑（安明寺衆徒・音楽講師）
非常勤　大橋　紀恵（安明寺坊守）
　　　　川村　直子（親子リズム・ハンドマッサージ担当）
　　　　山田久美子（英語であそぼう・ごんちゃん通信コラム「汐の音、鈴の音、空は晴れ」担当）

【見守りボランティア】

20名程（門徒・地域の方々・地区の福祉委員会）

【I《アイ》 can《キャン》 登録ボランティア】

（折り紙・わらべうた遊び・パソコン事務・園芸・大工仕事）地域の方や利用者自身に得意なことを発揮していただいています。

【ティーホッとサロン】

１００円でお菓子付きドリンクを提供

【ランチ】

それぞれ持ち込みで。ミルクや離乳食にもお湯や電子レンジで対応します。

【ごんちゃん文庫】

子ども向きの絵本のほか、子育てや介護、生き方のヒントになる本が並んでいます。貸し出しもします。寄贈の本も多数。

【福祉施設との交流】

柏原市内にある福祉施設「風の森」と「夢工房くるみ」での手作り製品の販売に協力。地域の人との交流の場となっています。
「風の森」のダンボール・空き缶・新聞紙の回収にも協力し、また、ミュージックベルのグループに親子のためのコンサートで演奏をお願いしています。

【利用人数】

親子広場ドレミファごんちゃん　利用のべ人数（人）

年度	開館日数（日）	大人（人）	子ども（人）	合計（人）
2012（H24）	132	1、502	1、793	3、295
2013（H25）	135	1、092	1、278	2、370
2014（H26）	132	1、013	1、075	2、084
2015（H27）	129	1、039	1、182	2、221
2016（H28）	132	910	1、113	2、065

H28年度は安明寺本堂屋根修復工事に伴い駐車場の使用不可であったため、親子広場の活動を制限していたため減少となっている。

年齢別子どもの利用のべ人数（人）

年度	新生児	０歳児	一歳児	二歳児	三歳児	合計
2015（H27）	109	468	333	191	81	1、182
2016（H28）	162	212	235	388	116	1、113

年齢別利用人数報告はH27年度より行う。

【利用対象】

柏原市内在住の〇歳から就園前の乳幼児とその保護者。
親子10組程度。（利用案内パンフレットにに記載）

【これまでの行事記録】

食育・秋の実りをいただこう・おにぎりを作ろう・
ホットケーキを作ろう・あったかごはん食育講座（お出汁）・
小松菜ケーキ作り・お菓子作り・片栗粉遊び・流しそうめん・
ママのためのハンドマッサージ・エコたわし作り・
ガーデンランチ・粘土フラワー講座（小物入れ）・
押し花・フラダンス・お茶席・物品リサイクル

【季節の行事】

初参式・花まつり・散歩・色水遊び・水遊び・
サマーコンサート・七夕・
夏祭り（手作りうちわ・ヨーヨーつり、ウォーターベッド遊び）・
ごんちゃん忘年会・年末大掃除（豆絞りぞうきん作り）・
節分まめまき・春の会・親子のためのコンサート・同窓会・
「5年後のあなたへ」子どもへの手紙を5年後発送

第1章
ごんちゃんの活動を支える思い

「子育て支援活動をしたい」という気持ちより先に、私自身が子育てをする上で必要な場所、仲間を求めて「親子広場ドレミファごんちゃん」が誕生しましたので、活動をしながら「子育て支援とは何か」を考えるようになりました。それは、私自身がかけてもらった言葉や人との出会いから気づかせていただきました。落ち込んだとき、辛いときに支えてもらった経験が基盤となっています。

話しても仕方ないではない

子どものことでかなり落ち込む出来事がありました。別件で学生のときからの友人に電話をしていたら、友人にそれが伝わったのか、普段はお互い仕事で忙しく、ゆっくり会うこともなかったのに「ランチでもいかが?」と二人の友人が集まってくれました。何かを力説するでなく、問い詰めるでもなく、それぞれの家庭の近況報告をし、最後に「私もがんばるわ」と言って彼女たちは帰って行きました。

きっと私の声の様子から「会って、ゆっくり美味しいものでも食べて、おしゃべりしてあげたほうがいいみたい」と思ってのことでしょう。その気持ちがうれしくてありがたく、帰る車の中で涙があふれました。

話しても仕方ない……聞いたってどうしようもない……ではないのです。「人に寄り添う」って、こういうやさしさのことだったのです。

（ごんちゃん通信二〇〇九年四月）

子育てを通して、いかに生きるかを見つめる

娘が小学一年生のとき、お友だちのお母さんから、お手紙をもらって帰ってきました。聞くと、町探検の授業で市のコンサートホールを見学したとき、班長の娘はやんちゃな男の子たちをうまくまとめられず、大泣きしたようです。それをPTAとしてお手伝いに行かれていたお友だちのお母さんが、見ておられたのでした。いただいたかわいい便箋には「じぶんのやくわりをよくがんばったね」という内容が書かれていました。

私はわが子のことで精一杯なのに、なんて大きいあったかい方なのでしょう……。あいち小児保健医療総合センター（当時）で子どもの心の治療をしている杉山登志郎医師は「子育てとは、子どもを通していかに生きるかを見つめるということ」と話されていました。いろいろな人と出会い、家庭それぞれの子育てに出会うと「私はどうなのだろう」「私はどうしたいのだろう」と立ち止まって、自分を見つめ直すことができます。

私にとって、ごんちゃんはそういう場所なのです。

（ごんちゃん通信二〇〇九年八月）

自分と違う意見に耳を傾ける

春は節目のとき、心がそわそわします。三月は長女の誕生月で、私が初めて親になった日を思い出すときです。未熟児で生まれた娘は、体重も哺乳量も平均値とはほど遠い「人と違う」スタート。「ほかのお子さんと比べることはやめよう」と、何度も思い知らされながらも、少しずつ成長が追いつき、同じ学年のお友だちと一緒にできた入園・入学は大きな喜びでした。

「他人が自分を苦しめるのではない。自分が考えたことに、自分が苦しめられているのである」という言葉があります。子どもの育ちの中で、自分と違う意見に耳を傾け、いろいろな人に任せていくことが、苦しみを乗り越えるためには必要なことと教わりました。

（ごんちゃん通信二〇一六年三月）

声が聞きたくなって

一〇年ぶりに、子育て支援の原点であるRくんのお母さんからメールが来ました。「Rは今、自宅で療養中です」と。すぐ電話をすると、お母さんは「ありがとう。声が聞きたくなってメールしちゃった」と声を震わせました。成人に成長したRくんは、職場での仕事をがんばり過ぎたのか、食事、水分が摂れなくなって一〇キロ以上体重が減り、何度か倒れるところまでになってしまったとのこと。お母さんは、ようやく人に話す気持ちになり、外出してリフレッシュし、少しでもRくんの食欲につながればと思い、Rくんと一緒にごんちゃんに来てくれることになりました。

ちょうど、福祉施設「風の森」のミュージックベル演奏をお願いしていた親子のためのコンサートの日に来られ、久々の再会にたくさんおしゃべりし、賑やかな一日を過ごされました。Rくんの表情は固く、ごんちゃんの部屋の中へ入るのにも時間がかかりましたが、もともと小さい子どもが好きなので「赤ちゃん、かわいいなあ」と帰るころには話していました。大勢の人で疲れなかったか心配でしたが、翌日、うれしいメールが届きました。「刺激になったのか、具だくさんのお味噌汁とおじやを食べてくれました。久しぶりの野菜です」というのです。お母さんが笑い、楽しそうにしている様子がRくんの気持ちをほぐしたのかもしれません。

この出来事で、ごんちゃんに通わなくなってからも行き詰ったときに「会いたい」「話を聞いてほしい」と連絡ができるごんちゃんでありたいと、あらためて思いました。そして、子どもの成長の節目や「伝えたい」と思うような、うれしいことがあったときに、思い出してもらえる人、場所でありたいと願っています。

それと同時に、私にとっても、ごんちゃんはそういう場所であり、ボランティアさん、発達相談の青木道忠先生、母性相談の矢場清栄先生をはじめ、励ましの言葉をかけてくださるたくさんの方々との出会いのおかげで、一〇年間この活動を続けながら、子育てをしてこれたのだと感謝しています。

（ごんちゃん通信二〇一七年三月）

第2章

ドレミファごんちゃんのひとこま

ごんちゃん通信に「ごんちゃんのひとこま」というコーナーがあります。ごんちゃんでの子どもや親とのやりとりや、日常の風景をお伝えしています。書き留めておかなければきっと忘れてしまっていたような些細な場面ですが、そのときそのときを丁寧に対応するためにはこのように記録しておくことは大切であると、一〇年を振り返り感じています。

魅力的な階段

玄関の戸を開けると土間から上がる四段の幅の広い階段があります。子どもたちはどんなおもちゃよりこの階段が大好き。頭からお尻から、ときにはキャタピラーのように、そして自信がつくとあんよで。ママのハラハラをよそに何度も何度も挑戦します。成長のバロメーターにもなっています。一人ひとり性格によって、階段の取り組み方もいろいろ。目が離せなくて大変ですが、とことんやらせてあげたいと思っています。

（ごんちゃん通信二〇〇八年四月）

難しいお年頃

二歳のSちゃんが靴を脱がしてもらうのを待っていたので、スタッフが手伝おうとすると「ママじゃないといや」と手を振りはらいます。しばらくして、おむつ替えのとき、ママが「私じゃ嫌だと言って履かないのでお願いできませんか？」と、ボランティアさんのところへズボンを持ってきました。なかなか難しいお年頃なのですね。

（ごんちゃん通信二〇〇八年七月）

帰る場所があるから

乳幼児は、ママから離れて遊んではまたママのひざの上に戻り、落ち着けば再びおもちゃやお友だちのところへ……を繰り返します。帰る場所があるから安心して次の冒険ができるのでしょうね。

娘が幼稚園に入園し「おかえり」と迎えるようになったとき「私も親になったのだなあ」と、あらためて幸せを感じました。娘は私の顔を見るなり「いっぱいお話することがあったのに、ママに会ったらわすれちゃった」と汗まみれのがんばってきた顔で話します。そうだ、私にも「おかえり」「よくがんばったね」と見守ってくれる人がいます。ありがとう、これからも見ていてね。

（ごんちゃん通信二〇〇八年一一月）

名札テープは自分で

ごんちゃんの名札は、赤ちゃんにも安心なテープで作っています。受付でボランティアさんにお名前を言って背中に貼ってもらいます。慣れてくると「じぶんで」と言って名札テープを受け取り、自分で背中に手を回してペタリ。帰るときも保管ファイルに自分で返します。帰るお友だちの名札も背中からはがしてあげます。字が読めるようになると自分の名札をファイルから見つけることもできます。字が書くことができるようになれば、自分で名前を書いて新しい名札を作ります。ごんちゃんを卒業する頃には小さなスタッフさんになっています。

（ごんちゃん通信二〇〇九年一一月）

いつもと違う

柏原市広報の取材で男性の市の職員二名が朝から来られていました。子どもたちは玄関の戸を開けた途端、いつもと違う気配を感じてピタッと立ち止まります。恐る恐る入ってくる子、ママのかげに隠れる子、知らないお客さんと目を合わさないようにする子、部屋の中に入れず裏庭へ出て行く子……子どもって敏感です。スタッフをはじめ、大人たちのよそいきな雰囲気が、そうさせるのでしょうか。世の中にはいろいろな人がいて、日々、いろいろなことが起こるのですよ。ごんちゃんは、いつも通りではない、生活における「緊張」に対応する練習の場にもなっています。

（ごんちゃん通信二〇一〇年一月）

気持ちに沿うように

帰るとき、遊んでいたおもちゃを「もってかえる」と泣いて困らせることがあります。だめなことはだめと教えたくて、手を離すまで言い聞かせるママ。「次に来たときに返します」と借りて帰るママ。さっさと手から引き離し、泣き叫ぶ声とともに帰るママ。家からお気に入りのおもちゃを持参し、うまいタイミングでそれを出すママ。お菓子でつるママなど、子育ての技はさまざまです。スタッフはそんなママたちのがんばりを応援し、ママのそのときの気持ちに沿うようにお手伝いします。

（ごんちゃん通信二〇一〇年二月）

どんなことも、どんなときも

Mくんは来るやいなや、本箱から好きなキャラクターの本を探します。Sちゃんは必ずお気に入りのぬいぐるみを手に持ちます。Kくんは一番好きな電車をまず確保。それぞれに自分の気持ちが落ち着くものを知っています。ずっと砂遊びの子、ずっと石遊びの子、ずっと敵とたたかっている子。機嫌が悪い日、おなかがすく日、ママを追い続ける日。みんなみんな、それでいいのよ。どんなことも、どんなときも、それを受けとめてくれる大人がみんなの周りにいっぱいいるから。

（ごんちゃん通信二〇一〇年四月）

ピアノを囲んで

子どもたちの心配り

玄関が開くと「おともだちがきた」と先に来ていた子どもたちが、すぐに気づいて入口までお出迎え。「おはよう」「いらっしゃ～い」それまで遊んでいたおもちゃを手放し、駆け寄ります。お友だちが帰るときもお見送り。「またきてね」「きをつけてね」と、かばんや自転車のヘルメットを運ぶお手伝いまでして、手を振ってさよならします。そして「かえっちゃった」とかわいいひとこと。自然にできる心配りや、人に対するやさしさを子どもたちから学びます。

（ごんちゃん通信二〇一〇年五月）

帰りたくない事件

「かえらないい～」と三歳のMくんがひっくり返って怒っています。無理やり車へ乗せようとするママの手を噛み、泣きすぎて嘔吐。あげくに車のドアで手を挟み、さらに大泣き。「じゃあ、ごんちゃんの中に入ろう」と助け舟を出しますが、もうすでに何も耳に入りません。仕方なく、ママだけ部屋に入り、紅茶とクッキーで気持ちをリセットしてもらうことにしました。すると、Mくんはジリジリと近寄ってきて、二時間後にはママと一緒におやつを食べました。「五分ほど遊ばせて、気が済むようにすればよかった」と、次のバトルに備えて作戦を練るママでした。

（ごんちゃん通信二〇一〇年六月）

お姉ちゃん、大活躍

夏休みは小学生のお姉ちゃんがお手伝いに来てくれました。ママの言うことは聞かないのに、お姉ちゃんのひとことでお片づけも手を洗うのもすんなり。お姉ちゃんの後ろにくっついて歩き、お姉ちゃんのすることや話すことを、キラキラしたあこがれのまなざしでみつめます。駄々をこね大人がお手上げのときも、お姉ちゃんはうまく気をそらす技を知っています。きっと、ついこの間まで自分もそうだったから気持ちがよくわかるのね。数年もすれば、こんなに成長するのかと思うと、楽しみになりますね。（ごんちゃん通信二〇一〇年九月）

いま、求めていることを

二歳のRちゃんが、見ていた絵本をお友だちにとられてしまいました。Rちゃんはママに泣きつきますが、ママはRちゃんの妹におっぱいをあげている最中で抱っこしてもらえません。絵本をとられたことより、気持ちをママに受けとめてもらえないことの方が悲しくて、おっぱい中のママのそばでひっくり返って泣きます。そんなときスタッフはRちゃんに「よく我慢したね」と言いながら背中をなでますが、ママから引き離して抱っこはしません。スタッフはおっぱいを飲み終えた妹を抱っこして、Rちゃんはやっとママに抱っこしてもらえました。こんなとき、ママの代わりは誰にもできないのです。（ごんちゃん通信二〇一〇年一月）

ついつい添い寝

ある日の午後、みんな帰って一組だけになりました。おふとんを敷いてお昼寝タイム。しばらくすると、添い寝していたママも一緒にすやすや。一時間ほど休まれました。おうちに帰ったら、もうひと仕事、ふた仕事待っています。帰る親子の後ろ姿を見送りながら、いつも応援しています。（ごんちゃん通信二〇一一年七月）

お庭に咲く半夏生

火鉢のようなお母さんに

ある日ごんちゃんで、火鉢に炭をおこし、網を乗せ、おもちを焼くことになりました。火鉢を囲んで非日常なまったりした時が流れ、香ばしいおもちをみんなでいただきながら、日頃思っていることや最近感じたことを話しました。頬が火照るほど火鉢の温もりのせいか、私もついついプライベートなことまでおしゃべり。人の心は、やさしいきっかけで和らぐものですね。

ある晩、テレビで〇〇式子育てを実践している保育園が特集されていました。保育園児が逆立ち歩行、一一段跳び箱、暗算をやってのける。運動も算数も大の苦手な私が「うわあ、こんなことできない～」と言うと、七歳の娘に「ママがやるわけじゃないから安心し。それに、ママは怒る日もあるし、笑う日もあるし、できることもできないこともあるもんね」とピシャッと言われてしまいました。

未熟でいい加減な自分にふたをして「親らしく」がんばっていたことを何もかもお見通し。なんだか気が抜けて、家事をほったらかして紅茶を入れ、子どもたちのそばに座りました。すると、ゆかいな友だちの話をしたり、教科書に載っているおもしろい写真を見せてくれたりしました。代わる代わるひっきりなしに娘たちが話し出します。今ならママがこっちに気持ちを向けてくれているのがわかるの

ね。ただそばにいて微笑んでいる火鉢のようなお母さんになる日があってもいいかも、と子どもたちのおしゃべりを聞きながら思いました。

（ごんちゃん通信二〇一一年一一月）

忘れもの

「さよなら」と帰って行かれたので、玄関の戸を閉めたら、すぐまたＨちゃんが戻ってきました。「ありがとう、を言うのを忘れたと言うので」とお母さん。「ありがとう、またくるね」Ｈちゃんは大きな声で、そう言って堂々とした足取りで帰って行きました。「こちらこそ、ありがとう」とスタッフもお礼を言います。

（ごんちゃん通信二〇一一年一一月）

保育士さんと遊ぼう　「おつきさまこんばんは」

第3章

母性相談

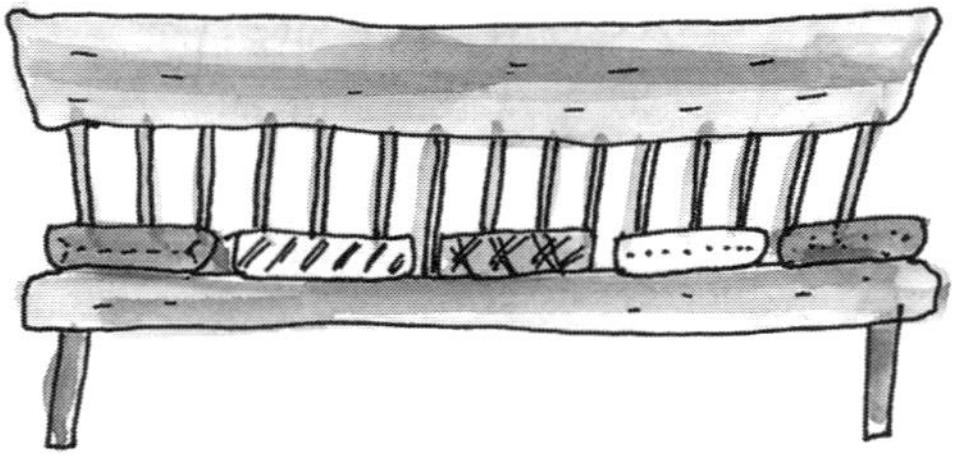

検診の大切さ

相談日は毎月のテーマについて、矢場先生にレクチャーしていただきながら、来られるお一人お一人のお話を聞き合う形ですすめられます。個別相談では、おっぱいがつまって痛い、どれくらい飲めているかわからない、うまく哺乳できないなどの母乳育児の相談に応じていただいています。産科病院の退院指導だけでは、母乳育児はスムーズにいかないことが多いのですが、丁寧に指導していただくことで母乳育児をあきらめずに継続することができるのです。母性相談の日は、毎回おっぱいケア希望の方が何人も来られます。

母性相談日に乳がんモデルを使ってしこりを見つける体験をしました。また、セルフチェックで普段の自分のおっぱいの状態を知っておくことや、定期検診で病気を早期発見することの大切さを学びました。後日、何人かの方が「検診に行ってきました」と報告してくれました。子どものためにも、自分の身体を大切にしなければいけませんね。

（ごんちゃん通信二〇〇七年七月）

●年間のテーマ

四月　妊娠と出産について
五月　母乳の話
六月　ベビーマッサージ
七月　子どもと事故・スキンケア
八月　ベビーマッサージ
九月　抱っこの重要性
一〇月　子宮がんの話、早期発見の重要性
一一月　ベビーマッサージ
一二月　①SIDSについて
②卒乳について
一月　乳がんの話、早期発見の重要性
二月　子どもと虐待、
母乳育児と虫歯予防
三月　命の教育

卒乳のこと

助産師の矢場さんへの相談の内容で多いのが、いつごろ、どのように母乳育児を終えればよいかという「卒乳」のことです。矢場さんは「子どもの気持ちを大切にね。急にやめるのではなく、卒乳の日が決まったら少し前から母乳を飲ませたあと『もうすぐおっぱい、バイバイしようね』と声をかけましょう」と、まず話され、それから卒乳に適する時期、おっぱいを止める手順を教えてくださいます。「そんなこと言ってもわからない」とつい思いがちですが、矢場さんは新生児にも「上手におっぱい飲めたね」「〇〇ちゃん、かわいいね」と話しかけられます。話せば伝わる。それはどんなに小さい子どもと接するときでも大切なことだと教えていただきました。

そして、相談したママたちは「私と子どもが納得いくようにすればいいのですね」「試行錯誤しながらやっていけばいいのですね」とほっとして、子どもが大きく成長するため、卒乳に向けて「よし、やってみよう」と思えるのです。

（ごんちゃん通信二〇〇八年一〇月）

矢場さんとの出会い

助産師の矢場清栄先生は、柏原市を中心に産後の母乳や新生児の訪問ケアに携わっておられ、「出産したら矢場さんに訪問ケアをお願いする」という評判を、子どもを授かる前から聞いていていました。念願かなない妊娠がわかってすぐ矢場先生に出産予定日を連絡し、予約を入れました。長女は一七七二グラムの未熟児で生まれたので哺乳力も弱く、退院も私より一か月遅れでしたが、あきらめずに安心して母乳育児ができたのは、矢場先生に哺乳の指導とおっぱいのマッサージ、沐浴を退院後一か月丁寧にしていただいたお陰です。卒乳のケアもお願いし、トラブルなく終えることができました。

子育ての第一歩である産後すぐの訪問ケア。家族以外の人とふれあい、相談ができることは、孤独と不安の中で過ごす母親にとって、どれほど心強いことであるかを実感しました。市の補助事業として子育て支援活動を始めるにあたり、この母性相談は発達相談と同様、ドレミファごんちゃんの柱となるものと考え、毎月一回、矢場先生に担当をお願いしました。

矢場清栄助産師からのメッセージ

ドレミファごんちゃんの発足当初から、育児でがんばるお母さんと赤ちゃんのためになるならと、毎月一回、欠かさず来させていただいております。

ドレミファごんちゃんに来ることになったのは、大橋紀恵先生から二〇〇五（平成一七）年の春、「育児中のお母さんと子どもたちのつどう場をつくりたいと思うので、手伝ってもらえませんか？」と電話をいただいたことからです。開業助産師として、地域で母乳相談、沐浴、新生児訪問、電話相談をしている私としては、何か役に立つことができたら幸せと、喜んで承諾しました。

大橋先生との出会いは、三人のお孫さんの母乳相談と沐浴をさせていただいたご縁があったからです。

それまでの私の略歴を申しますと、一九七二（昭和四七）年、結婚のため国立大阪病院（現・独立行政法人国立病院機構大阪医療センター）を退職し、柏原市の住民となり

ベビーマッサージ

ました。その当時は、東大阪短期大学（現・大学）看護学校、助産師学校の非常勤講師、地域では性教育講演、健康教育など助産師として働きながら、子育てを含めた家庭生活中心の生き方をしていました。

一九九七（平成九）年、母子保健が都道府県から市町村に移ったのを機に、柏原市、八尾市、羽曳野市、藤井寺市の地域保健活動に携わるように。この四市の新生児訪問、子育て支援センター、親子広場、また、開業助産師として母子相談、沐浴、電話相談などに関わっています。

その結果、看護事業功労者大阪府知事賞（二〇〇一年）、日本助産師会会長賞（二〇〇五年）、日本公衆衛生協会会長賞（二〇一三年）、憲法記念日大阪府知事賞（二〇一四年）、厚生労働大臣賞（二〇一五年）など、身にあまる表彰も受けることができました。

私がドレミファごんちゃんで行っている内容は、妊娠、出産、育児を通して切れ目のない育児支援をと毎月テーマを決め講話をし、その後で母乳育児相談を個別にさせていただいています。

ドレミファごんちゃんに来られているお母さんとお子さんを拝見していると、みなさん明るく平和で穏やかで積極的に前向きに育児に取り組んでいる方たちだということがよくわかります。第一子から第二子へと学習体験を生かし、確実にしっかり成長しておられることがよくわかります。

私のこれからの人生は、子どもの健全な心と体の健康づくりや子育てを行う親への支援を含めた、きめ細やかな対応を図るべくさらに勉学していきたいと思っています。そして、地域に生きる母と子の役に立つ助産師でいたいと思います。

●大学生のコメント　S・Sさん

発達相談や母性相談で専門家の方に相談できるところがいいなと感じました。子育ての不安や心配ごとを相談できる相手がまわりにいないため、一人で不安になってしまうお母さん方がいると聞きます。ごんちゃんは、お子さんのためだけでなく、お母さんにとっても安心できる安らぎの場所になっていると思います

●お返事

現代はネットで何でも調べることができますし、離れている友だちと二四時間つながることもできる世の中です。それなのに、どうして「一人で」不安になるのでしょうか？　私は「誰に相談すれば安心できるか」が大切なのだと思います。気持ちを受けとめ、子どもの成長過程を知ってくれ、一緒に心配し涙を流してくれる。そういう信頼できる人が、周りにどれくらいいるでしょうか。何か問題が起こったときに「ごんちゃんへ行ってみよう」と思える場所であることが、子育て支援の役割だと思います。

利用者の声から

アンケート「ごんちゃんを利用して感じたこと」1

　ほっとする空間で、親子とも安心して利用ができる。自分の子やほかのお子さんの様子もよく目が届き、ほかの親子のやり取りも身近に見ることができる。

　困ったことがあったとき、利用者のお母さんにも、スタッフの先生にも気軽に相談でき、ありがたい。

（2歳10か月・6歳6か月）


　子どもも親もほどよい距離感で一緒に遊べるし、声もかけやすいところが私たちに合っている。屋根つきの庭での外遊びもたいへん喜んでいます。ごんちゃんに集まる人は、居心地がいいと思って通っている人ばかりなので、すぐに自然と仲良くなれる気がする。みなさんが子育てに協力してくれる。（2か月・2歳10か月）

　いろんな人と話もしやすくて、さまざまな話が聞けてためになるし、気持ちが楽になります。

（9か月・3歳5か月）


　利用し始めたのは最近ですが、近くにこのようなつどいの広場があるのは、子どもにとっても私にとっても楽しみになっています。

（7か月・2歳5か月）


　「親子リズム」や「英語であそぼう」は子どもも楽しそうで、また来ようと思います。夏場の「水遊び」や「ぶどう狩り」などのイベントも多いのでこれからもお世話になります。10周年、おめでとうございます。大きくなった子どもたちを見せに来たいです。

（10か月・3歳）

第4章

発達相談

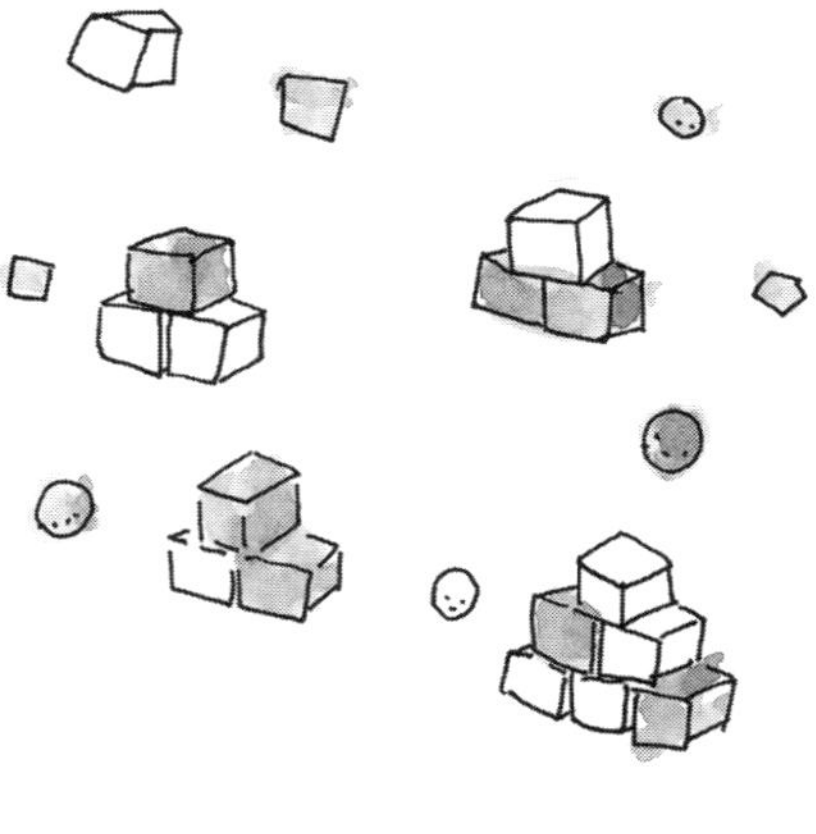

二〇〇六（平成一八）年ドレミファごんちゃん開設当初から毎月一回、青木道忠先生に発達相談の相談員をお願いしています。母の知人に「地域で一人ひとりにこまやかに向き合う支援活動をされている先生」と紹介していただきました。子どもの発達の相談だけでなく、親子広場活動における保護者や子どもとの関わり方もアドバイスいただき、この一〇年間ごんちゃんが活動を続けてこられたのは、青木先生から専門家としての人との向き合い方を学ばせていただいているお陰です。

発達相談で

一月初旬の発達相談日には五組が参加。お茶を飲みながら青木道忠先生を囲んで、まずは手遊び。「むすんでひらいて」の応用で、ちょうちょや飛行機への変身を楽しみました。その後、みなさんから「抱っこ抱っこと言って、歩かなくて困っています」「いとこにあたる赤ちゃんにやきもちをやくようになり、困っています」とご相談がありました。子育ての先輩であるスタッフやボランティアさんを交えて、これまでの子育てや家族の介護における体験談を聞きました。

「どうして？」と一人で思いつめているときに、いろいろな方から、自分にはなかった新しい考え方を聞くと、パッと気持ちが切り替わることがありますよね。「どんな思いからの行動なのか、どうしたいか、どうしてほしいかを考えて言葉をかけ、気持ちに寄り添うことが大切です」と、青木先生はアドバイスされます。気持ちを寄せることに、赤ちゃんだから、高齢者だからということはないのだなあと気づかされます。

（ごんちゃん通信二〇〇八年二月）

自分で選ぶ

「ママ、どれ切ったらいい？」私が料理を始めると、四歳の娘が包丁を持ちたがります。

「冷蔵庫の野菜、自分で選んだら？」とつい言ってしまいました。その瞬間、娘の目がキラッと光り「♪じぶんでえらぶってたのしいなぁ」と鼻歌を歌いながら物色し始めたのです。振り向いたときには、一袋のなすびが切り刻まれていました。「自分で選ぶ」という響きが何かのスイッチを入れたようで、その日は何度もその言葉を繰り返し、ご満悦。

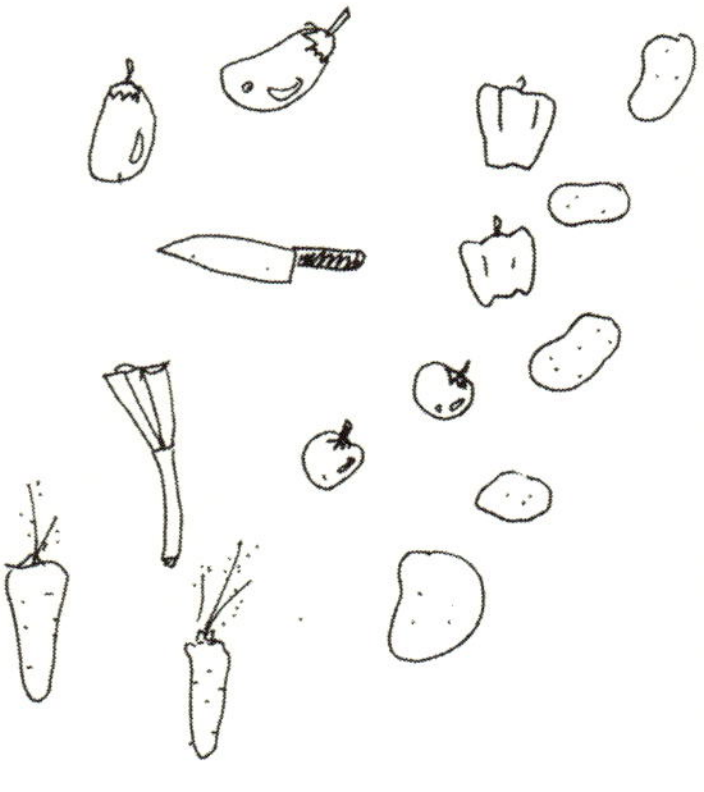

お断りしておきますが、いつもこんなに寛大な母ではありません。ちょうどその日は、発達相談の先生から、子どもがハッとするような接し方や、子どもに考えさせる言葉かけについてのお話をお聞きしたほやほやで、いつもの私とはちょっと違っていたのです。「理想通りの子育てなんてできない」と開き直っていたところに差し込んだ光。おかげで娘は、今日は甘えてもよさそうだと感じたのか、料理が終わってもずっと私のそばでうれしそうに次々話をしました。

ふーん、こういうことなのか。

何だかスキの見せ方のコツが、少しわかったような気がしました。

（ごんちゃん通信二〇〇八年五月）

大きい画用紙

発達相談の青木先生が、大きい画用紙と小さい画用紙を子どもたちに見せて「好きな方を取っていいよ」と差し出すと、全員が大きい方を選びました。お母さんたちは「うちの子、欲ばりやわぁ」と恥ずかしそう。すると先生は「この時期は『大きい―小さい』という関係がわかりはじめ、大きい（かしこい）自分になりたいという願いが強くなっていく時期です。大きい方を選びとることができたのは、どの子も順調に育っている証拠ですよ」とおっしゃいました。

「なぜお友だちの持っているものばかりほしがるのだろう」

「どうしてお友だちを叩くのだろう」

「すぐ、かんしゃくを起こして暴れるのは、どうしてだろう」それには理由があることを母親なりにわかってはいても、先生に子どもの発達のプロセスを説明してもらうと、客観的にわが子を見つめることができます。そして「少しの間、見守ってみよう」そんなふうに思えるのです。

（ごんちゃん通信二〇〇八年一〇月）

信頼関係をつくる

発達相談日に、子ども同士のおもちゃの取り合いが激しいとき、スタッフに求めることをお母さんたちに聞いてみました。

「どうしてもわが子に厳しくなり、理不尽なことを言って我慢させてしまうので、第三者に入ってもらう方が子どもは納得する」

「親よりスタッフの言うことを子どもはよく聞く」

「初対面のお母さんには気を遣い、思っていることを言えない」

「相手の子どもの親が見ていたときは、自分たちで解決できるけれど、見ていないときに起こったことは、スタッフに入ってもらいたい」

いろいろな意見が出ました。

青木先生は「大人の対応のいい悪いはともかく、子どもにとって信頼している人が褒めてくれることは『いいこと』、叱られることが『してはいけないこと』となっていきます。スタッフがどう関わればいいか、このように親と相談しながらやりとりして、信頼関係をつくっておくことが必要ですね」と話されました。（ごんちゃん通信二〇一〇年二月）

形のないもの

二人の娘たちはこれまでに、それぞれ円形脱毛症、帯状疱疹、顔面神経麻痺を経験しました。原因はストレスなどによる免疫力低下と診断され、確かに思い当たることがありました。中学校進学、運動会、習いごと……。娘たちが「がんばらねば」とさまざまなプレッシャーの中、取り組んだときでした。

一〇月の発達相談で青木先生は「『上手にする』『いい結果を出すようにがんばる』というものさしから『あなたが一生懸命していたことは、ちゃんと見ていたよ。もしも思った結果が出せなくても、そのがんばりがきっと今のあなたの力になるからね』と、挫折したときこそ、人として内面の成長のときだという考え方を示してあげることが大切です」と話されました。先生のお話は、子どもへの言葉だけでなく、一生懸命子育てをしてきたけれど、「思うようにならない」「がんばってもいい結果が出ない」と思い悩む私に「よくがんばっているよ。でも、もっと大事なことを見失っていませんか？」と、問われたように思いました。

熊木杏里さん作詞作曲の「誕生日」という歌の歌詞に「もらったものを覚えていますか？　形ないものもありました」とあります。大人になって振り返れば、うまくいったことばかりではない、たくさんの経験から身についた「形のないもの」こそ、ここぞというときの力になっていることに気づきます。

（ごんちゃん通信二〇一五年一一月）

色水遊び

青木道忠先生からのメッセージ

「いま、私にとってのいちばんの癒しとなっているのは、〇～三歳の子どもたちとのふれあいです。月に一度、そんなありがたい時間をくださっているのが、『ドレミファごんちゃん』なのです。『ごんちゃん』の持ち味は、主宰者である武富緑さんを中心にスタッフの皆さんがかもしだす穏やかでぬくもりにつつまれた雰囲気です。緑さんがピアノを弾きながらされる手遊びやリズム運動も楽しく、子どもたちの身体も自然に動きはじめます。

それを受けて登場するのが私です。まず、ママたちに、子どもたちと遊べる手遊び歌や手づくりおもちゃなどを紹介します。小学校時代から音痴で通っている私ですから、手遊び歌をするのも必死です。でも、ママたちはニコニコしながら応じてくれます。子どもたちもびっくりしたような顔やふしぎそうな表情で、よちよちと寄ってきてくれるのです。それがとってもかわいくて、うれしくなります。

手遊び歌などが終わると、次は全体もしくは個別の相談コーナーです。子育ての悩みを全体で考え合うときには、安明寺の坊守さん（ご住職の奥さん）である大橋紀恵先生も加わられます。その包み込むようなあたたかさから、私自身が大きな示唆をいただくこともしばしばです」

この一文は、私が現在も執筆させていただいている、雑誌『福祉のひろば』の連載記事「相談室の窓」に書かせていただいたものです（その後出版した拙著『発達のつまずきによりそう支援（かもがわ出版）』に収録）。執筆したのは二〇〇八年のことですから、もう九年前のことです。しかし、『ごんちゃん』のこの魅力は、今も色あせてはいません。それどころか、ぬくもりのある幸せ感が増しています。緑さんたちスタッフのみなさんが経験を重ねてこられる中で、お母さんたちをいっそう懐深く、そしてあたたかく受けとめられているところからくるものです。

「ごんちゃん」の魅力といえば、毎月発行されている「ごんちゃん通信」もその一つです。Ａ４版二つ折り４ページ建てのこじんまりとしたものですが、中身はとても充実しています。予定や報告記事が、写真も交え読みやすく配置されています。

それだけはなく、スタッフが担当されている「ごんちゃんのひとこま」「汐の音・鈴の音・空は晴れ」「春夏秋冬」のコラムがとてもいいのです。やって来られる子どもや親御さんたちへのエール、そして自分の子育ての喜びや失敗談などが、それぞれ飾らず綴られているのです。毎号、共感したりハッと気づかされたり、思わずクスクス笑ってしまったり考え込んでしまったり……。いつも楽しみに読ませてもらっています（本書でも随所に収録されています）。

いま、核家族化と少子化の一層の進行、子育て情報の氾濫、そして土台となる暮らしがきびしくなる中で、多くの若いお母さんが子育てに深刻な悩みをもっています。「ごんちゃん」の一〇年にわたる活動は、そのママたちが孤立することなく、つながりあって親も育ちあいながら子育てできる地域づくりの大切さを教えてくれています。そんな「ごんちゃん」に、あらためて心からエールを贈りたいと思います。そして、私もスタッフのみなさんとともに、ママたちや子どもたちにしっかりと寄り添い、この至福の時間をこれからも楽しんでいきたいと思っています。

プロフィール●大阪府公立小学校障害児学級を二七年間担任。その間、保護者とともに養護学校建設や作業所づくりなどに取り組む。立命館大学・大阪成蹊短期大学など非常勤講師を歴任。子どもの貧困問題大阪ネットワーク副理事長。柏原市子育て支援センター・NPO法人大阪教育相談研究所の発達相談を務める。著書に『発達のつまずきによりそう支援』（かもがわ出版）『いのち輝け』（福祉のひろば）。編著書に『何度でもやりなおせる――ひきこもり支援の実践と研究の今』（クリエイツかもがわ）。

●大学生のコメント　N・Mさん

発達相談で青木先生は、子どもと母親のどちらの様子も見て、コミュニケーションをとりながら相談にのられていました。発達相談といえば、体の成長に関することというイメージをもっていましたが、子どもの携帯電話の利用の仕方やパソコンを見ながら食事をする子どもの対処法など、青木先生にアドバイスをもらいながら、みんなで話し合っていました。またボランティアの方が「簡単には断言できないし、軽率なことは言えないが、自分の体験を話すことで、新米のお母さんの抱えている悩みが少しでも軽くなればいいですね」と話され、地域での育児支援の大切さを感じました。

●お返事

親にとって、子どもの月齢によって体のこと、心のこと、食事、排泄……。悩みは変化し、不安や心配は尽きることがありません。その解決方法は、親の世代や価値観によってさまざまです。そのような「いろいろな人がいて、いろいろな意見があるのだな」と知る場が、子育てには必要なのではないでしょうか。そして、さまざまな個性の子どもがいて、その子その子のペースで育っていく様子を見守ることで、親も子も私も、一人ひとりが大切な存在であることを感じることができます。発達相談では「親として、こんなときどうすればよいか」と相談されることが多いのですが、たとえ答えが出なくても、悩んでいることをわかってもらい、認めてもらえるだけで、大半はホッとされます。認め合える場所でありたいと願っています。

● 大学生のコメント

古民家で仏壇があり、居間のような落ち着いた空間で、このような環境の子育て支援施設があることに驚きました。

発達相談の話し合い中、スタッフやボランティアだけでなく、お母さんたちの笑顔が多く見られ、相談できる環境、信頼感を強く実感しました。また、青木先生は、実習生である私の意見にもひとつの否定もなく聞いてくれて、それは稀有で貴重な体験でした。

● お返事

環境の力は大きいですね。歴史ある地域、そこで育まれた人と人とのつながりは、にわかに作られるものではありません。親子広場の活動を一〇年間続けられたのは「信頼できる」と感じてくださるからだろうと思います。それはやはり、青木先生や助産師の矢場さんやボランティアのみなさんの誠意ある対応のお陰です。

親は子どもとどう向き合えばよいか、成長に応じて悩み続けます。そのような子育てにおいて、さまざまな意見に耳を傾け、自身の考え方を軌道修正する力はとても大切です。

「ひとつの否定もなく聞いてくれる」存在に出会えることは「貴重な体験」ですね。

そう感じられたあなたは、きっと誰かのそういう存在になれるのだろうと思います。

利用者の声から

アンケート「ごんちゃんを利用して感じたこと」2


きょうだいみんな（4歳以上はNGのところは、上の子を連れて行けず、行きたくても行けない）で楽しめて、他のお友だち、ママとも気軽にふれあえる場で、とてもありがたく助かっています。

（1歳・3歳・6歳）


まさに憩いの場。ここでママ友がたくさんできました。ここでいろんな体験、いろんなお話を聞くことができました。私も子どもも大好きな場です。

（2歳6か月・5歳3か月）


家で子どもと2人きりで過ごして、何をしていいかわからないときにごんちゃんに来て、いろんなお母さんたちと話をしてとても気持ちが楽になった。

子どもも友だちから刺激を受け、成長ができた。

（1歳3か月）

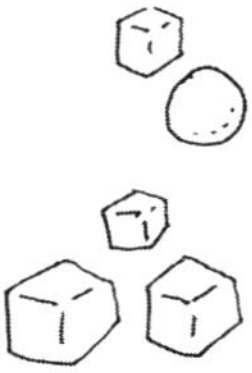

利用者の声から

ごんちゃんのこんなところがいいな

「癒やしと安心の場所」

ごんちゃんでのティータイムは、スタッフさんとも初めてお会いするママさんとも、なぜかすぐに打ちとけて会話がはずむ。

いっぱいしゃべってストレス発散。悩みを聞いてもらってちょっと安心…。先輩ママや後輩ママ、大先輩のスタッフさんに囲まれて、みんなでみんなの子を育てていくみたいな感覚がとてもうれしい。元もとは民家だから日常生活でさけられない危険（階段・柱・段差）があるけど、子どももたくさんの眼に見守られながら、そういうものをクリアしていっていると思う。

先生方やボランティアの方々が、いつもあたたかく迎えてくださる。

手遊びやリズムは、新しい曲を交えながら何回も繰り返し歌ったり踊ったりするので、子どもも親もそれを覚え、家でもできる。

自分の実家に来たようなアットホームな雰囲気で、室内でも戸外でものんびりできるところが好き。

その日の天気、気候などで散歩に行ったり、外で昔なつかしい遊びをしたり、さまざまなプログラムを考えてくださっている。

いつもきれいなお花が飾ってあり、さりげなく季節を感じる環境にしてあって、あわただしい毎日の中でほっとする空間。

第5章

親子リズム

担当　川村直子さん・武富　緑

音楽ってすごい！

私は同志社女子大学音楽科を卒業後、妊娠するまでの一〇年間、音楽の非常勤講師として中学校、高校に勤務していました。学生のときからフルート・バイオリン・クラリネット・ピアノのアンサンブル「おしゃべりカルテット」を友人四人で結成し、幼稚園・子育て支援施設・老人施設・図書館などで、親子のためのコンサートを行っていました。コンサートホールには未就学児は入ることができないことが多いので、赤ちゃんから高齢の方まで生の音を楽しめるプログラムを工夫しました。子どもが生まれ、ますます子どもが喜ぶこと、成長に応じた楽しみ方があることを知り、ごんちゃんでの親子リズムでのプログラムに取り入れていきました。

子どもって、寝かしつけているとき、あと少しで寝そうなところでテレビから聞こえる好きなコマーシャルソングに目がパッチリ！　ということがあります。外食中、レストランで流れているBGMに踊りだしたこともありました。嫌がる歯磨きや着替えに歌の力を借りたことも。また、歌から覚えた言葉もたくさんあります。幼稚園など集団保育では、おはよう・片づけ・おべんとう・おかえりなど、音楽が合図となって一日を過ごします。音楽ってすごいですね。

「いつの間にか記憶に残っているという歌を子どもたちに伝えたい」「おもちゃやテレビ、ビデオがなくても、音楽はいつでも誰とでも楽しむことができる」という思いから、親子広場を「ドレミファごんちゃん」と名づけ、親子リズムを行っています。大勢で一緒に行動することが苦手な子どもも、一見つまらなそうな子どもも、繰り返して遊ぶうちに、その子なりに楽しんでいる様子が感じられます。ひざの上のわが子と歌を歌うひとときは、親にとっても子どもにとっても宝ものです。

「言葉が出始めたらいろいろ歌うようになりました」「いつのまにか覚えて、家でよく歌っています」とお話しいただきます。おうちでの様子が目に浮かびます。

（ごんちゃん通信二〇〇八年二月）

種を蒔くように

ある日、鳥の鳴き声が聞こえたとき、四歳の娘が「ママ、ことりはうたがすきやねんで」と言うので、一瞬「?・」と思いましたが、それはごんちゃんの親子リズムでよく歌う、♪ことりはとってもうたがすき〜、の歌を思い出して言ったのでした。赤ちゃんの頃に蒔いた音楽の種が、芽を出したようでうれしくなりました。そしてやがて、花が開くように豊かな心が育まれることを願って、親子リズムをしています。

（ごんちゃん通信二〇〇八年六月）

足踏みオルガン

ビハーラの家にある一〇〇歳の足踏みオルガンは、九八歳の祖父が、この安明寺に住職として入寺するときに実家から持ってきたものです。私が五歳のころ、このオルガンをよく弾いて遊ぶのでピアノを習わせたようです。だからこの足踏みオルガンが私の原点。子どもたちの心にもあたたかい音色を……と、親子リズムで足踏みオルガンを弾くようにしています。この音色が、そしてごんちゃんという場所が、子どもたちにとってどんな出会いになっているか楽しみです。

（ごんちゃん通信二〇〇八年一二月）

私らしくありたい

親子リズムが始まると、外遊びに行ったり、おもちゃを片づけるのを嫌がったりする子がいます。上手にできるか不安、恥ずかしい、今はそんな気分じゃないなど、理由はさまざま。ママは「家では楽しそうにやっているのに」と残念そうですが、無理強いはしません。かわいくお尻でリズムをとる、しっかりした言葉で歌う、ダンスにノリノリ、打楽器遊びが大好き……と思い思いの感じ方で、無邪気に音と遊ぶ子どもたち。消えない個性が光っています。

そんな子どもたちの姿は「もっとちゃんとしなさい」「もっとしっかりしなさい」と、次つぎ要求し続けてしまう親の気持ちにブレーキをかけてくれます。指示通りにできても、この笑顔を失くしては大変なことです。

先日、娘たちが赤ちゃんのときから使っていた子ども椅子付き自転車を処分しました。一二歳の娘が「これ、捨てるの?」と何気に尋ねます。娘と一緒に乗った自転車のあたたかい思い出。中学生になり「私らしくありたい」と主張するようになった娘は、もうあの頃のようにあれこれと指図はされない、というまっすぐな目で私を見るようになりました。お母さんが寂しいのは、思い出の自転車を捨てることだけではないのですよ。

(ごんちゃん通信二〇一二年二月)

親子のための音楽会「はらぺこあおむし」

拍手で見守る

言葉がまだ出ない赤ちゃんも親子リズムは参加できます。CDだと赤ちゃんにとっては、テンポが速すぎて楽しめないので、スタッフがほどよくゆっくりピアノを弾きます。

♪犬のおまわりさんの歌に合わせたおゆうぎもすっかり覚え、スタッフよりワンテンポ早く手が動きます。「すごい！」という視線を送ると、得意そうな顔。みんなの前で「○○ちゃん、上手ね」と褒めると、恥ずかしくなってやめてしまうことがあるので、スタッフもママたちも微笑みながら大きな拍手で見守ります。

（ごんちゃん通信二〇一四年一一月）

●親子のためのコンサート　プログラム　一例

「春だよ♪コンサート」

1.みんなで遊ぼう…♪大きな栗の木の下で　♪あたま・かた・ひざ・ぽん

2.楽器紹介クラリネット…♪ぞうさん　♪クラリネットポルカ

3.みんなで踊ろう！…♪ホ！ホ！ホ！

4.音楽紙しばい…「おくちをあーん」

5.みんなでリズム！…♪山の音楽家　♪子供の世界

6.手話でうたおう！…♪ともだちになるために

7.心に刻む童謡…♪夕日（大正一〇年）

●親子リズム　プログラムの一例

導入
●手遊び「きゃべつの中から」
●絵本読み聞かせ二冊（〇、一歳向けと二歳以上向け）

歌唱
振り付き歌「犬のおまわりさん」「手をたたきましょう」
「げんこつ山のたぬきさん」など

身体活動
ふれあい遊び「一本橋こちょこちょ」
「パン屋さんにお買い物」「チェッチェッコリ」

身体表現
●ピアノ演奏に合わせて（二拍子・三拍子・ゴーストップ・横ころがり・高這い・ジャンプ・スキップなど）
●ボールや大きな布を使用

リズム
打楽器を使用（タンバリン・鳴子・スズなど）

わらべうた
「かごめかごめ」「なべなべそこぬけ」
「ずいずいずっころばし」など

その他
手話付き歌唱・英語ソングなど

ダンス
ふれあい遊び

「海」の歌に
あわせて大波小波。

大学生のコメント　Y・Yさん

音楽会を見学し、乳幼児にとってまず必要なのは、親との関わりだと感じました。子どもがお母さんにタンバリンを取ってあげて「はい、どうぞ」「ありがとう」のやりとりが見られ、これがこれから先の社会生活の基盤になると思いました。

またお寺が、親子にとって身近な存在になっていることに感銘を受けました。同じように子育てしている人同士が、顔を合わせて話をする場が大切だと実感しました。

お返事

親子リズムに初めて参加するお母さんから「まだ生まれて三か月ですが、参加できますか」という質問がときどきあります。ごんちゃんに来る子どもは、まだしっかりお話ができないほど小さいので、母親ですら「リズム遊びなんてまだ早いかしら？」と思うのでしょう。見ていただいたように、まだ歌えなくても、まだ歩くことができなくても、音楽は楽しむことができます。家事や育児に追われる中で、音楽を通して子どもとふれあい、また日頃の自分を見つめる時間となることを願っています。

「顔を合わせて話すこと」は大切ですね。親と子の関係から始まり、家族、友だち、先生、上司……成長とともに、どんどん人との関わりが広がっていきます。そのような子どもの成長を見守りながら、親自身もまた、たくさんの人と関わることになります。とても一人では子育てはできません。

先日、久しぶりに来られたお母さんが、スタッフの顔を見るなり泣き出したことがありました。ずっと、わが子の前では堪えていたのだと思いますが、スタッフと会って、言葉を発するより先に気持ちが緩んだのでしょう。ただただ、背中をさすって一緒に泣きました。「いつでも一緒だよ」「いつでも待っているよ」と寄り添うことが、お寺の役割だと思います。

第6章

ティーホッとサロン・ママカフェ・ランチ

手作りおやつ

1　ティーホッとサロン

ごんちゃんではドリンクとお菓子のセットを有料で提供しています。また、昼食は持ち込みで食べることができます。お湯や電子レンジもご用意しています。月一回の「ママカフェ」は決まったトークテーマでの座談会で、ドリンクとお菓子付きです。ボランティアさんに入れていただいたお茶を飲みながらのおしゃべりは、日頃、抱えている気持ちを出せるひとときになっています。

第二子を出産されたばかりのMさんが、かぼちゃ入り蒸しケーキを作ってきてくれたので、みんなでおいしくいただきました。お母さんたちは「手作りおやつって憧れるわぁ」「私も作ってみようかな」と刺激を受けました。どんなに忙しい中で作られたかわかるだけに、ありがたく、ありがたくいただきました。（ごんちゃん通信二〇〇九年八月）

はじめてのおつかい

「こーひー、ひとつください」と、ちっちゃな手に一〇〇円をにぎってボランティアさんに注文します。はじめてのおつかいに挑戦です。

ティーホッとサロンは、ママのささやかな憩いの時間。添えられるお菓子はボランティアさんの手作りの日もあります。「人にいれてもらったコーヒーは、なんておいしいのでしょう」と、お母さんたちはしみじみと言うのでした。（ごんちゃん通信二〇一〇年三月）

2　ママカフェ

原点の子育てトーク

先月、子育てトーク（一六組参加）を行いました。ブレインストーミングというワークショップ形式で、気になっていることや心配、悩みを付箋に思いつくまま書き出してもらいました。

その後、第一子のお母さんと二人以上のお子さんのいるお母さんのグループに分かれて、何十枚もの付箋を見ながらおしゃべり。子どもの体調、

●ママカフェ　これまでのトークテーマ

二〇一五年

六月　気になってしょうがないこと

七月　これだけは言われたくない言葉

八月　この夏の一番のビックリ！

九月　今年中にしたいこと

一〇月　お稽古事について

一一月　ありえない、と思った出来事

一二月　子どもってすごい！　と思ったこと

二〇一六年

母乳、離乳食、衣服、子どもとの関わり方などの話が中心となった第一子グループに比べ、もう一つのグループは、ご主人の対応、子どもの兄弟姉妹のトラブル、日頃のストレスについてのお話で盛り上がっていました。

「いつくらいから子育てって楽になりますか?」という問いに、先輩ママたちは苦笑いしながら「楽にはならないけれど、そのときそのとき、臨機応変にすれば大丈夫。まずは、自分がイライラしない方法を考えて」と心強いアドバイス。それぞれが、自分を見つめたひとときでした。

（ごんちゃん通信二〇一四年七月）

一月　こう見えて意外とわたし〇〇なんです
二月　さすが！ わたし！ と思ったこと
三月　わたしの仕事
四月　ビビッときた出会い
五月　これだけはこだわってます
六月　この夏は〇〇したい！
七月　携帯電話あれこれ
八月　母になって思うこと
九月　食事の悩み・得意料理など食について
一〇月　自分を褒めてあげたいと思ったこと
一一月　人のふり見てわがふり直せ
一二月　ああ、これ失敗したな、と思ったこと

二〇一七年

一月　最近の自分へのご褒美は？
二月　子どもの私に似てる、と思うところ

影響を受けている人

先月のママカフェのトークテーマは「周りの人から影響を受けたこと」でした。すると、昭和な私には予想外の展開になりました。ママたちがお手本にしているのは、ネットの中のブログだとか。節約料理や時短家事、おしゃれなライフスタイルなど、同じ月齢のお子さんを育てている人のブログを参考にしていて、妊娠・出産の知識は、ほとんどブログからだったとのことでした。でも、落ち込まない程度にネットの情報と付き合うことも気をつけているそうです。

また、自分の母親への思いも話してくれました。「子どもにこんな言い方はしたくない」「疲れた様子を見せるような母になりたくない」そんな気持ちを忘れずに子育てすることの難しさ、親のありがたさを感じているようです。

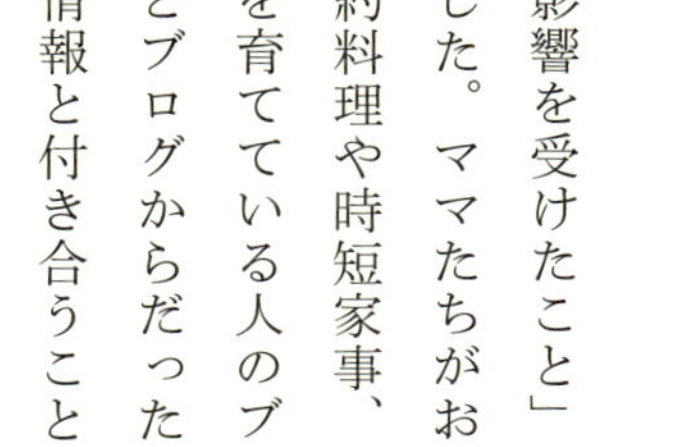

娘が反抗期に入り悩んでいたとき、友人に「お母さんが、しっかりしすぎると子どもは息がつまるよ」と指摘され、私なりに必死だっただけなのに、それがかえってよくないと言われ落ち込みました。そんなとき、娘が私の誕生日に手紙をくれました。「いつも応援し

てくれてありがとう」と。叱ったり、教えたり、いろいろしてきたが、いちばん娘の心に届いていたのはこれだったのか。親としての対応の上手下手、いい悪いを超えて、あなたを応援する気持ちが伝わっていれば、それでいいのですね。（ごんちゃん通信二〇一六年一二月）

3　ランチ

実習生のお弁当

社会福祉協議会を通じて男子大学生Mさんが二日間の実習に来ました。いつもはいない男の人がいることで、子どもたちは最初は泣いたり、隠れたりしていましたが、慣れてくるとママから離れ、Mさんとブロックやボールで遊びました。ママたちも、いつもは気にせずおっぱいをあげていますが、この日は事務室が授乳室になり、何だか新鮮な風が吹きました。Mさんが実習に持ってきたお弁当は、二段重ねの彩り、栄養を考えられたお母さんの手づくりお弁当でした。Mさんのお母さんがどんな方か、お弁当を見れば想像できます。「お母さんに、お弁当を褒められたと言ってね」と言うと、次の日、「母がえらく喜んでいました」とのこと。いくつになっても、母の愛情はすばらしいですね。

（ごんちゃん通信二〇〇七年八月）

みんなと食べる

ごんちゃんでは昼食やおやつを食べることができます。ゴミ、アレルギー、しつけ、衛生面……いろいろな問題から、そういう場を提供することにためらう施設もあるかもしれません。他の子が食べているものを欲しがる、気が散って遊び食べをするなどの困る面もありますが、みんなと一緒ならよく食べる。同じ月齢の子がどんな離乳食を食べているか知ることができる。お友だちに刺激を受けてお箸を使うようになったり、食べられる食材が増える……という利点もあります。これまでトラブルや苦情がないのは、同じ親として暗黙のルール、配慮を心得てくださっているからだと思います。
（ごんちゃん通信二〇〇七年九月）

お花見お座敷

ボランティアさんが「庭に植えてね」と花木を持ち寄ってくださいます。沈丁花、モッコウバラ、水仙、さくら草、チューリップやカサブランカの球根など。四季折々のお花が楽しめます。

三月はしだれ梅の下にゴザを敷き、お座敷を作ってランチをしました。おひさまはぽかぽか。やっと春です。次はもうすぐ桜が咲きますよ。
（ごんちゃん通信二〇〇八年四月）

私もやってみよう

ランチの時間は大賑わい。赤ちゃんにおっぱいをあげながら上のお子さんに食べさせるママ、ベビーラックに座り電子レンジで温めたいくつもの小さいタッパーに入った離乳食を口に入れてもらう赤ちゃん。立ったまま、いくつも並んだプチおにぎりをおててでつまんで食べる子。フォークやハイテクしつけ箸でお友だちのお弁当にまで手をのばす子、ママが追いかけ続け、口に入ったらまた動き回る子。コップでお茶を飲むお友だちを小さい子は憧れのまなざしで見ています。ママも子どもたちも、お友だちのお弁当の中身や食事の仕方に興味津々。「今度、私もやってみよう」という、その刺激が大人も子どもも成長につながります。

（ごんちゃん通信二〇一〇年二月）

「今」が思い出になる

秋晴れの気持ちのいい日。「おそとでたべたい」というNちゃんの提案で、裏庭に

ガーデンランチ

大きなゴザを敷き、イスとテーブルをセッティングしました。ほかのお友だちも「ぼくも」「わたしも」となり、にぎやかなガーデンランチになりました。それを見ていたボランティアさんが「私も子どもとお弁当をもってよく出かけたわ」「近所の子も連れて、河原にケーキを持って行き、お誕生会をしたことがあるわ」と、ご自身の子育ての思い出を話してくれました。ごんちゃんでの今のこのひとときも思い出となり、何十年後かに懐かしくお話しする日が来ることが楽しみです。

（ごんちゃん通信二〇一〇年一一月）

●大学生のコメント　T・Eさん

ママカフェの見学が印象に残っています。一人ひとりが話すことができる場であり、「私の家も同じよ」「わかるわぁ」と和気藹々と話されている様子が素敵だと感じました。終了後スタッフが、あるひとりの方の様子から「体や気持ちの調子がよくない」と気づいていることに驚きました。スタッフは、デリケートな多種多様な悩みや不安に寄り添うために、繊細な心配りをしていることを学びました。

地域の方々やお母さん同士のつながりは、横だけでも縦だけでもない、広い円のようなつながりを感じました。

● お返事

「広い円のようなつながり」を感じてくださったこと、大変うれしく思います。いろいろな人と出会い、失敗もし、泣いたり、怒ったりしながらも、ごんちゃんの活動を一〇年続けられているのは、そんな失敗を許してくれる人、励ましてくれる人、叱ってくれる人がいてくれたからです。それを「円のようなつながり」と半日の短い見学の時間で感じ、表現してくださって感激です。

おてての桜が満開

第7章

ママたちとの関わり

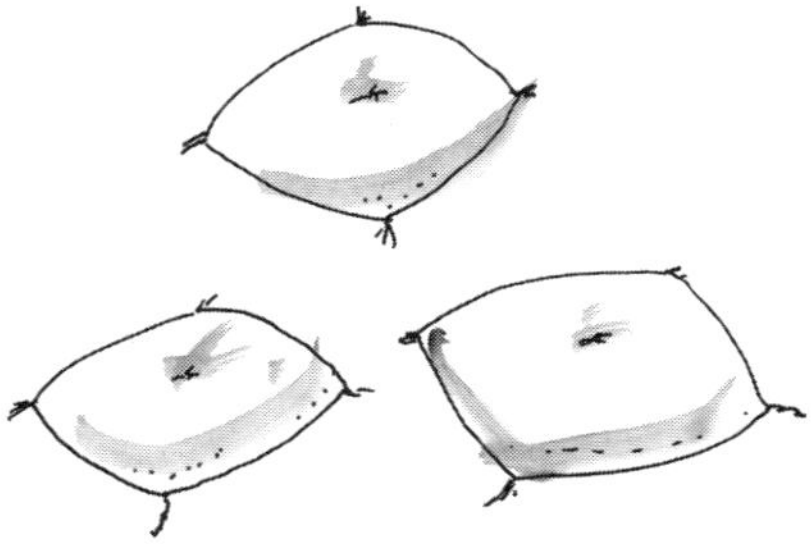

年間のべ二〇〇〇人を超える親子がつどいます。開設当時は同じ世代のママ友感覚でのお付き合いでしたが、一〇年も経つと関係も少しずつ変わってきました。娘も一七歳になるので、一七年前の子育てと今とでは世の中も変わりました。それでも変わらないことは、子どもが生まれ、親になったときの戸惑いや不安、心配ごと。たくさんのお母さんとの出会いで、今でも常にその気持ちを忘れないでおれます。

悩んで泣くことができる場所

ごんちゃんにメールで「生まれました」「授かりました」「入園しました」など、いろいろなご報告をいただきます。ときには「入院しました」「流産しました」というつらい内容のものもあります。人に、話すことができるようになるには、どれほどの時間が必要だったことでしょう。それでも「知らせておこう」とメールを送られたその気持ちに、できるだけ寄り添いたいと思います。

先日、ごんちゃんでともに子育てしてきた友人が、ごんちゃんでの思い出は「一緒に悩んで泣いたこと」と話していました。お互いの子どもが一一歳になった今も、それは変わっていません。褒め合って、励まし合って、ときには厳しい指摘もし合いながら、子育ては続いています。

先月、柏原市国分地域に、柏原市つどいの広場「たまてばこ」が開設されました。これで、市内のつどいの広場はごんちゃん、ほっとステーションにつづき、三か所目。ともに悩んで泣くことができる場所が、また増えました。

（ごんちゃん通信二〇一一年五月）

さようなら、ではなくて

幼稚園や保育所に入園が決まったママたちは「夏休みにはまた来ます」「子どもと一緒でなくても来ていいですか？」「もうひとり出産する予定なので、またお世話になるつもりです」……「さようなら」ではなく、こんな言葉でご挨拶してくれます。いつでも待っています。来るための理由などなくても、ほっと一息つきにいらしてください。

（ごんちゃん通信二〇一三年四月）

楽しみですね

一歳前の腹這いを始めたくらいの赤ちゃんのママから、よく質問されることがあります。「いつ頃からしゃべり始めるのですか？」「何歳くらいから友だちと遊ぶことができますか？」

最初は「指さしを始めたら」とか「同じおもちゃを欲しがったり、取り合ったりして、お友だちに気持ちが向き始めたら」と答えていました。でも、たくさんのママと出会ううちに、特別なことがない限り、そのように答えなくなりました。なぜなら、ママはそんなことを聞きたいのではないように思えたからです。

寝てばかりの赤ちゃんが微笑み返し、寝がえり、自分で体を動かすようになってきて、次の成長が、ただただ待ち遠しいのです。どんなお話をしてくれるのかしら？　はじめてのお友だちとどんなふうに遊ぶのかしら？　そんな始めの一歩を喜ぶことができる日を心待ちにしているのです。だから私は「楽しみですね」とお話します。

するとママたちは「そうなんです。今日もね……」と、赤ちゃんが最近できるようになったことやおうちでの様子を、それはそれは、うれしそうに話されます。

それは子どもが大きくなっても変わりません。どんな人を好きになるのだろう。どんな仕事に興味をもつのだろう。人から愛される子に育ってくれるかしら。親になってから、たくさんの心配とたくさんの願いと、そして喜びで心の中はいっぱいです。

（ごんちゃん通信二〇一三年一一月）

かたくり粉遊び

あたたかいお茶をいただきながら

ご入園・ご入学おめでとうございます。おなかの中に授かってから今日まで生きてこられたおかげで、このうれしい節目を迎えることができます。上手にできなくても、たとえ病気になっても、どんなに悲しいことが起こっても、このお祝いの日の気持ちを忘れなければきっと乗り越えられます。

四月の初め、九時半の開館と同時に、目を真っ赤にしてママやおばあちゃんが駆け込んでくることがあります。泣いて嫌がる子を、孫を、幼稚園や保育所に送ったその足で、ごんちゃんに立ち寄られるのです。

「すぐ慣れますよ」「はじめは泣くのが普通ですよ。」そんな言葉は不要です。どんな思いでごんちゃ

入学報告　一年生になったよ

んへ来るまでの坂道を上がって来られたのかと思うと、あたたかいお茶を一緒に泣きながらいただいて、お子さんのお話をいっぱいするのです。

三年前のそのときのお子さんたちが、この四月から小学生。なんてうれしいことでしょう。

（ごんちゃん通信二〇一五年四月）

割り箸二膳

紫陽花のきれいな季節になりました。小学生の頃、庭に咲いた紫陽花を新聞に巻いてよく学校へ持たせてもらいました。教室に飾ってもらいうれしかったのを覚えています。小学六年生の娘にも同じようにと思うのですが、目立つのが嫌なのか、持って行ってくれません。

授業で使う持ち物で「割り箸」が必要なときも「忘れた人のために多めに持って行ったら？」と言うのですが「先生が一つでいいと言った」とかたくなに一膳しか持参しません。

ごんちゃんに来られているママが「このあいだ、お箸を忘れたときに割り箸をいただいたので」と二膳もって来られました。ああ、そういえば、親だったか先生だったか、返すときは二膳返すように教わったなあ……。

やっぱり、今、するしないはともかく、子どもに教えたいことや伝えたいことは、あきらめずに言うことにします。

（ごんちゃん通信二〇一五年六月）

懐かしい場所

ＳＮＳに四月のお散歩の様子を載せたところ、何年か前にごんちゃんを利用していたお母さんからコメントをいただきました。「お散歩、懐かしいです。ごんちゃんは大切な場所です」

お散歩

「ごんちゃんの散歩コースを小学生になった今も子どもと一緒に歩いています」覚えてくれていることも、それを伝えてくれることもうれしいです。

（ごんちゃん通信二〇一六年五月）

●大学生のコメント　K・Sさん

子育て支援は、もちろん子どもに関する相談を軸にしているけれど、母親のケアも含んでいることを学びました。核家族化が進む中、育児の悩みを相談できるこのような場が増えることで、ネグレクトや幼児虐待を少しでも防ぐことができるのではないでしょうか。

●お返事

子育て仲間や幅広い世代の人と話をする場の提供は、子育て支援の大きな役割です。しかし、場があれば心を開いて話せるかといえば、そうではありません。自分の気持ちを他人に打ち明けるには、その人がどういう人か、信頼できるか、受けとめてくれるか、見極めるまで時間がかかります。「どう接してもらいたいだろうか」「どういう思いで、今日ここへ来られたのだろうか」を、たとえ初対面でも、感じ取ることが求められます。

しかし、それは子育て支援に限らず、誰もが日常で、人と関わるときに気をつけていることでもありますね。

利用者の声から

お手紙より

「ごんちゃんのいいところ」

一日中、子どもの世話と家事に追われる私たちにとって、入れてもらうお茶が、どれだけおいしくて、リラックスできるかよくわかる。

子どもが楽しいだけの施設より、ママたちに気持ちいい環境をくれるところが、一番の魅力だと思う。

ママがリラックスして、イライラしないことが一番だと思う。

ママと子どもとが一緒に楽しめるところ、それがごんちゃんのいいところです。

第8章 親子のためのメニュー

1　英語であそぼう（担当　山田久美子さん）

月二回、英語で手遊びや歌遊びをしながら親子でふれあいます。子どものための英語教育というよりも言葉を覚える時期に楽しく英語にふれてほしい、親子で英語を親しみ楽しんでほしいという思いで行っています。幼稚園やこども園で英語教育を取り入れている所が増えました。「これからの世代は英語が必須」という流れからか「英語であそぼう」のある日を楽しみに来られる方が多いです。

「英語であそぼう」を担当しているスタッフの山田さんの第三子妊娠を機に、ごんちゃん通信のコラム連載をお願いしました。ごんちゃん開設当時は利用されるお子さんと同じくらいの年齢の子を持つ親同士としてお母さん方と接していた私ですが、だんだんと年齢の差が開いてきました。そこで、これから妊娠、出産に臨む山田さんに感じていることを伝えてもらうことで、ごんちゃんスタッフをより身近に感じ、お母さん方と悩みを共有しやすくなればと寄稿を依頼しました。コラムの名は最初はお子さん二人の名前から「汐の音、鈴の音」、そして出産され一人増えて「汐の音、鈴の音、空は晴れ」に改名されました。

「英語であそぼう」で親子との関わりをもちながら、二〇一七（平成二九）年八月現在もVol・62で連載中です。

三人目、七年ぶりの妊娠！

こんにちは。ごんちゃん通信初登場の山田です。ごんちゃんスタッフになって二年目。慣れてきた頃に三人目妊娠発覚！　しっかり者だけど打たれ弱い長女一〇歳と、三六五日マイペースな長男七歳の子育て真っ最中。ここに三人目が加わると……?·?·?　すべてが順調だったわけではなく今回の妊娠までに二度の哀しみを経験しています。だからこその感情と感覚があります。七年ぶりの妊娠、出産、子育て。どうなることでしょう。三人目をお考えの方、そろそろ弟妹をとお考えの方、初めての子育てに奮闘中のお母様。私の体験が少しでも参考になれば幸いです。（ごんちゃん通信二〇一二年六月号「汐の音、鈴の音」Vol.1）

無駄ではなかった道のり

三人目の赤ちゃんを妊娠してから夫は、これまでになく協力的になりました。どこへ行くのも車で送ってくれたり（徒歩五分のごんちゃんにまでも）、台所によく立ってくれたり。お互い年を重ね、いたわる気持ちが出てきたのだろうか。娘は弟が生まれたときとは違い、母がやたら寝ていたり、機嫌が悪い「つわり」というものを理解し、「無理したらあかんで」「荷物持っててあげるわ」と言ってくれたり、弟には「お母さんしんどいから、静かにしておこう」と言ってくれたりして、涙が出そうになります。この一〇年、娘と手探りで歩んできた道のりは、決して無駄ではなかったと思わせてくれます。今ではよき理解者で相談相手です。息子はまだまだ成長過程。これからどう変わるか楽しみです。今回の妊娠までの七年は長かったが、子どもたちの成長が感じられ、私たち家族にとって必要な時間だったと思えるようになりました。

（ごんちゃん通信二〇一二年八月号「汐の音、鈴の音」Vol.3）

改めて母の強さを感じる

出産を間近に控え思うことは生命の神秘。私の中に芽生えた小さな小さないのちが、少しずつ成長していく……何度経験しても不思議です。さて、今回の妊娠もいろいろありました。水しか飲めない史上最悪のつわり、全身かゆくて眠れない妊娠性湿疹、逆子、胎児発育不良等々。皆さんもそれぞれ困難を乗り越えて母になられたのでしょうね。改めて母の強さを感じました。ごんちゃんではたくさんの方が私のお腹をさすりに来てくれて、この間まで自分のお腹にいたお子様を愛おしそうに抱かれている姿に、私も幸せに浸らせていただきました。もうすぐあの陣痛がやってきます。今はまだ「どんなだったかなあ」と余裕ですが、きっとそのときが来たら「こんなに痛かったんだ！」と思うのでしょうね。お会いしたときにまた武勇伝を聞いてください。

「ご報告。八月○○日に男の子を出産されました。おめでとう！！」

（ごんちゃん通信二〇一二年九月号「汐の音、鈴の音」Vol.3）

赤ちゃんを胸に抱くとすべての苦しみは忘れる

懐かしの!?　出産は破水から始まりました。即、入院。しかし陣痛がきません。二四時間経ち、促進剤を使うことになりました。徐々に薬の量を増やす助産師さんを横目に見ながら陣痛とのたたかいが始まりました。三人目だし、赤ちゃんも小さめだし、スルッと生まれると勝手に思っていたのが甘かった！　その日はなぜか出産ラッシュで妊婦さんが次々と分娩室に移り、しばらくして幸せそうな歓声が聞こえます。焦る自分を励まし、八時間後に出産しました。長かったけれど、ほかほかの赤ちゃんを胸に抱いたら、すべての苦しみは忘れてしまいました。母親ってこういうものですよね。

（ごんちゃん通信二〇一二年一〇月号「汐の音、鈴の音」Vol.4）

子どもの発想の豊かさに脱帽

子ども三人との生活は想像以上に忙しく騒がしい。上の二人の子どものおしゃべりや言い争いと赤ちゃんの泣き声が響きます。新生児との穏やかな時間はどこへやら。日々の生活をこなすのに精一杯の毎日です。ある日、赤ちゃんを眺めていた二人が「また負けた～」と騒いでいます。なんと末っ子と「にらめっこ」をしていたのです。まだ表情がはっきりしない赤ちゃんに連戦連敗。子どもの発想の豊かさに脱帽です。子どもたちがこれからどんな驚きをくれるのか楽しみです。

（ごんちゃん通信二〇二二年一一月号「汐の音、鈴の音、空は晴れ」Vol.5）

もう一度やり直し

第三子の誕生から三か月。長女が体調をくずしました。赤ちゃんが生まれたら、上の子どもたちをしっかり見てあげようと思っていたのに、忙しさのあまり娘の変化に気づくことができませんでした。赤ちゃんの誕生をみんなが望み、楽しみにしていると信じていましたが、姉兄にとっては親との時間が減り、愛情が分散されることでもありました。しっかり者の娘は親に心配かけまいと一人で不安や苦しみに耐え、体に不調が出るまで我慢していたようです。一〇歳でもまだまだ子ども。しっかり抱きしめ、もう一度やり直しです。末っ子の赤ちゃんは今日も無邪気に笑っていて癒しです。

（ごんちゃん通信二〇一二年一二月号「汐の音、鈴の音、空は晴れ」Vol.6）

受け継がれていくもの

子どもたちが眠るとき、いつも本の読み聞かせをしてきました。私が子どもの頃好きだった本も読みます。すると私の口調は、私の母が読んでくれたのとそっくりなのです。ただお話を聞いていただけでなく母の話し方、読むトーン、リズムまで吸収していたようです。今、上の子どもたちが五か月の末っ子に読んでくれます。その口調は私にそっくり。こうして受け継がれていくものですね。「読み聞かせ」を通しての子どもたちとの時間は貴重のことだとあらためて実感しました。

（ごんちゃん通信二〇一三年二月号「汐の音、鈴の音、空は晴れ」Vol.8）

2 親子ヨガ（担当　楠本千佳さん）

親戚のお寺の僧侶でヨガのインストラクターでもある楠本千佳先生に年に数回お願いしています。産後の骨盤のゆがみや子どもを抱くことからの腰痛に悩む方が多いこと、また、なかなか自身の体のケアやリフレッシュをする余裕のない時期なので、お子さんと一緒に楽しめて人気の講座です。スペース的に二〇組が限界なのですがいつも満員です。

千佳先生なら安心

職場復帰したばかりのママから「体調を崩し入院していました。体のケアのためにヨガを始めたいのですが、ごんちゃんの親子ヨガの千佳先生なら安心なので、どこでヨガ教室をされているか教えてもらえませんか?」と電話がありました。「長い間、お世話になりました。仕事がんばります」とお別れしてすぐの連絡で驚きました。さぞ、つらかったことでしょう。つらいときに、ごんちゃんのことを思い出してくれてありがとう。お役に立てればうれしいです。

赤ちゃんと楽しむ時間

きっと子育てが始まる前はいろいろな趣味や習い事を楽しんでいたお母さんもいると思います。けれど赤ちゃんが生まれると二、三時間ごとの母乳やミルクをあげる間の時間でしか用事ができず、美容院や病院に行くのすら難しくなります。そんな中でごんちゃんでのお母さん対象の講座は好評です。特に体のケア、心のリフレッシュを赤ちゃんと一緒にできる親子ヨガは毎回定員を上回る参加があります。それだけ腰痛や肩こりなどにお困りの人が多いのでしょう。

しかしそれ以上に、自分のケアができる時間そのものがとてもうれしいありがたいものだと感じていらっしゃるのではないでしょうか。独身のときや親になるまでは、自分中心で自分のための時間を過ごし、食べたいときに食べ、寝たいときに寝て、行きたい所へ誰にも気兼ねせずに自由に行けたのです。それがどれほど幸せなことだったのか。しかし、少しグチをこぼすことはあってもごんちゃんに来られるお母さんたちは、赤ちゃんと一緒の今を楽しんでおられます。赤ちゃんをお腹の上にのせたり、タカイタカイをしたりしてヨガをするお母さん方は本当に無邪気でかわいいのですよ。

ささやかなひとときで気持ちの切り替えができれば、子育ての疲れは吹き飛び、愛おしいわが子にまた全力で向き合えるのです。

親子ヨガ

お寺でヨガ

時代の流れで「寺カフェ」「寺ヨガ」「寺マルシェ」などお寺の門徒だけでなく地域の方や若い世代の方々が気軽に集えるような取り組みを企画しているお寺が増えていますす。親子ヨガの講師、楠本千佳先生も僧侶で、ごんちゃん以外のお寺などでも活動されています。お香の香りや畳の感触が心地良い非日常な空間で呼吸を整え、自分の体と向き合う時間は慌ただしく、追い立てられるような気持ちをリセットしてくれる気がします。楠本先生もいつかご自坊でごんちゃんのような活動をしたいとご夫婦で夢に向かって計画中です。宗教離れ、葬式仏教などと言われ、次世代につなぐことが難しい現代ですが、お寺をあずかる者の意識や取り組みで変わると思うので、危機感をもってお寺が求められていることをできることから動いていくことが必要です。

●大学生のコメント　S・Tさん

親子ヨガでは、子どもがぐずったり、ほかのことに興味をもっても、無理にさせず、親子のペースで参加しているのが印象的でした。ヨガを通して、親がゆとりをもって子どもとコミュニケーションをとっているように感じました。

また、ヨガをしながらママ同士の会話が生まれていて、子どもが楽しむ場所としてだけではなく、交流の場になっていることがわかりました。

●お返事

「親子のペースで参加できる」ということは、ごんちゃんで気をつけていることのひとつです。集団保育が始まれば、どうしても人に合わせ、人と比べ、子どもを評価されることが多くなります。ごんちゃんでは、それぞれの成長のペースを大事にして、親が安心して子どもと過ごせるように心がけています。

そのうえで、子どもの発達面で心配なことがある場合は、専門の先生や施設につなげます。

3　保育士さんと遊ぼう（柏原市公立保育所五か所が順に担当）

保育士さんってすごい

柏原市の行っている出前講座から「保育士さんと遊ぼう」を依頼しており、市内公立保育所の保育士が毎月一回来られます。ポケットからかわいい動物が飛び出すエプロンシアターに、みんなの目はまんまる。ごんちゃんではなかなかできない小麦粉粘土遊びは、ぷにょぷにょして大人も癒されました。制作はママの方が夢中。また、家でも楽しめそうなふれあい遊びのほか、集団保育に向けての不安も相談にのっていただきます。

保育士の先生は、子どもの気持ちをうまくひき

「カエルジャンプ」おもちゃ作り

つけ、一人ひとりに合った声かけをされていて、子育てのヒントをいただきます。保育所のお仕事中に時間をとってご準備して来てくださいます。先生方は「在宅で過ごす親子と会う機会になり、お母さんがどんなふうに子どもと接しているか、直接知ることができるので、私たちも勉強になります」とおっしゃっています。

不安いっぱいのお母さんたちに心の準備も

親子のふれあい遊びの他、保育士さんならではのアイデアのつまった簡単工作はお母さん方の大人気です。家にある材料で、紙コップ・のり・シール・マジック・スタンプなどを使って作ります。初めは子どもに促しながら作り始めるのですが、途中からお母さんの方が夢中になり「子どもの」というよりは「お母さんの」作品が仕上がることも。また保育士さんは子どもに名前を呼びながら話しかけてくださり、子どもを惹きつけるプロの関わりを見せていただくことで、これから保育所や幼稚園にお任せしていかねばならない不安いっぱいのお母さんたちは安心されるようです。また、入所入園までのトイレトレーニングなど家での準備に対するご相談にも応じていただき、少しずつ心の準備をしていくのです。

保育士さんもお母さん

初めて来られ、新規登録の受付をしながらお母さんが「実は以前に保育士としてごんちゃんに保育をしに来たことがあります。自分の子どもが生まれたら、いつかごんちゃんに子どもと一緒に来たいと思っていたのですが、その願いが叶いました」と話されました。そう言えばどこかでお会いしたような気がしていたのです。保育士さんでも新米お母さん。わが子のことになると仕事とは違い、うまくいかないことや不安がいっぱいあるとおっしゃいました。ごんちゃんに集うお母さんは仕事を退職した人、産休育休中の人、就活中の人などさまざまですが、ときどき、保育士・幼稚園教諭・小中学校や支援学校教諭などの「先生」として復職予定の人や現在も非常勤勤務しているお母さんがおられます。

共通していることは、初めはおっしゃらないのですが、ごんちゃんに通うようになってずいぶん経ってから「先生」だと「告白」されます。いろいろな考えからでしょうが、いくら先生でも母親として自信があるとは限らないことや、他のお母さんとの関係に配慮してのことでしょう。けれど、スタッフの不思議な勘で「告白」される前に「先生かも」と気づいていることが多いです。それは、わが子だけを気にかけるのではなく、自分のお子さん以外の子どもたちへの声のかけ方ややりとりからです。「告白」を受けてお母さんとの接し方が変わることはありませんが、親子リズムや行事のときにちょっと巻き込んでお手伝いいただくことがあります。親となり、たくさんの親子と出会い、母親の子どもへの想いというものをしっかり受けとめたごんちゃんでの自身の子育て経験が、復職されたときによりよい保育、教育をするための何か刺激になれば嬉しいです。

保育士さんと遊ぼう

利用者の声から

メールのお便り

「お久しぶりです。」

みどり先生、お久しぶりです！　お元気ですか？　私も幼稚園に復職し元気にがんばっています。

ごんちゃんに行けると思っていた最後の日に都合が悪くなって行けなくなり、お世話になったお礼が言えなかったので、ずっと気になっていました。

ごんちゃんは子どもにとっても私にとっても、とても楽しい場所でした。リズムも楽しく家で歌ったり踊ったり、ミッキーマウスマーチのゴーストップは、いま幼稚園でもしています。毎月のごんちゃん通信も楽しみでした。私は先生のコラム「春夏秋冬」が一番好きです！　今でも公共機関で通信を見つけたらもらって読んでいます。

仕事に行き始めて、なかなか勘が戻らないし、大変なことも多く、まだまだこれから勉強していくことが山積みですが、周りのみなさんに助けてもらいながらなんとかやっています。

子どももがらっと環境がかわったのに体調もくずさずがんばってくれているので助かります。えらいな〜と思います。なかなか十分なことをしてやれないけど、短時間でもスキンシップを心がけて、お互い心の充電をしています。

また、時間があれば遊びに行きたいです。

4　てんとう虫のおはなし会（担当　廣野充代さん、安江志保子さん）

一九八一（昭和五六）年設立。柏原市立図書館や子育て支援施設などで活動しています。柏原市立図書館主催の朗読の講座ののちに、紙芝居グループ「てんとう虫の会」として発足。絵本や紙芝居を通して楽しむことが心の栄養となり、本を読むことを好きになってもらうことを目的として活動しています。親子で楽しめる手遊びや体操、パネルシアター、エプロンシアターの他、大人向けの紙芝居など、研修会に参加しながら幅広い年齢層の会員相互で学び合っています。

ドレミファごんちゃんでは二か月に一回活動しています。

【受賞歴】厚生労働大臣賞・大阪府知事賞・柏原市民賞

ひきつけられる絵本とおはなし

「さるかに」「ぴったんこ」「おおきくなあれ」など、子どもたちが好きそうな絵本や紙芝居。大人も子どももひきつける迫力のある声の力は、さすがです。

「ごんちゃんの子どもたちは、いつも集中して聞いてくれますね。きっと、お母さんたちの聞く姿勢ができているからだと思いますよ」とおっしゃっていました。

（ごんちゃん通信二〇〇八年一〇月）

「てんとう虫の会」のおはなし会

第9章

ごんちゃんを支えるスタッフと見守りボランティアさん

ごんちゃんは、常勤の有償スタッフ四名と二〇名の無償の見守りボランティアさんに支えられて活動しています。スタッフは開設当初から現在で三代目の川村直子さんと山田久美子さんです。二人とも、もともとはお子さんと一緒にごんちゃんを利用していたママで、お子さんが幼稚園に入園されてからも「ごんちゃんと関わっていたい」と申し出てくれました。「ごんちゃんには一人ででも来やすかった」「子どもの気持ちにあわせて安心して過ごせた。」という自身の経験から、ごんちゃんの子育て支援に魅力を感じ参加したいと思ったそうです。そして、大学で音楽を学んだ川村さんは親子リズム、留学や英語講師経験がある山田さんは「英語であそぼう」を中心にそれぞれのもてる力を発揮しています。

資格や経験も大事ですが、ごんちゃんでのスタッフとして何より求められることは、来られる親御さんや見守りボランティアさんたちとの関わりです。初めて来られた方への接し方、心配ごとを質問されたときの答え方、子どもの発育に不安を抱えている人への寄り添い方など、私も含めスタッフ間で常に話し合い、共有しています。

また、見守りボランティアさんに気持ちよく、長くご協力いただくためには、スタッフとのお付き合いも大切です。五〇代から七〇代の見守りボランティアさんにスタッフ自身の悩みを打ち明けたり、豊富な人生経験をお聞きし、その生き様からパワーをいただいたりと、深いお付き合いとなっています。

子育てしながら子どもや私自身の体調不良や祖父母の看取りなど、さまざまなことがありながらも、親子広場の活動が続けられるのは、信頼のおけるスタッフ・ボランティアチームのお陰です。

地域のマンパワー

ごんちゃんのボランティアさんは「子育て支援」という言葉もなかった時代に子育てされた世代の方々で、家族や地域のマンパワーでもあります。ボランティアさんのこれまでの人生のお話を聞くと「へこたれてたら、あかん」と、ピシッとなります。「何もできないからしゃべりに来ているのよ」「小さい子を見たら、こちらが元気をもらうわ」と、おっしゃって、子育てや介護、孫のお世話などの合間に、やっとできたご自身のゆとりの時間をこころよく使ってくださいます。

（ごんちゃん通信二〇〇八年四月）

親子って不思議なつながり

この夏、久々に三泊の家族旅行。次女に気温差アレルギーがあることもあり、汗をかけば着替えさせ、クーラーで冷えすぎればバスタオルをかけ、四日間続く外食の栄養の偏りを気にかけ、「トイレは？」と言い続け、根が神経質なのか。あれこれ心配している間に終わってしまいました。私の子どもの頃の親も、こんなだったのかしら……。子育てをしていると、ふとそう思うときがあります。

お友だちのけんかや、うそをついたりする子どもの行いに、こんなにも

親は悲しんでいたのかしら。そんなことは気づかずに大人になり、親も、今となっては「子育てのことは、もう忘れてしまった」と言います。

けれども、私の親と同じ世代のボランティアさんが教えてくれました。

「九〇歳の義母は、六〇歳の主人が出かけるときに、今も『気ぃつけや、ハンカチ持ったか』と言うんよ」

親子って不思議なおもしろい、深いつながり。（ごんちゃん通信二〇一一年）

知っているよ

ボランティアさんが「スーパーで、ごんちゃんに来ているお子さんと会ったとき、手を振ってくれたよ」と、うれしそうに話されます。一緒にいたパパは、子どもが知らないおばちゃんに手を振ったので、びっくりした顔をしていたそうですが。ごんちゃんに来ている子どもたちは、パパより知っているおばちゃんは多いかもしれませんね。

（ごんちゃん通信二〇一二年二月）

時期が来れば咲く

首から背中にかけての痛みで整骨院に行きました。すると医師から「歯をくいしばって、肩に力を入れるような生活が続いていませんか?」と言われました。すぐさまパッと家族の顔が浮かんで笑ってしまいました。確かに!

そんな折に、ごんちゃんの庭に咲きだした彼岸花を見て、ボランティアさんがおっしゃいました。「もう九月なのにこんなに暑いし、大きい台風も来たのに、お彼岸の時期が来たら咲くんやね」

……そうやなぁ。食事、勉強、お友だちの心配、帰宅するまで心配、言葉づかいやらお行儀やらのあらゆることに、大変や大変やと言っているのは全部、今まで私がしてもらってきたことばかり。めったに外出しない祖母が、何時に下校かも定かではない中学生の私を、夕方暗くなって、大きな通りまで迎えに出てくれていたことが、当たり前ではなく、ありがたいことだったと、わが娘が中学生になるまで思いもしませんでした。

言葉を失うほどの美しい満月、朝晩の冷たい風、心地よい虫の声……お彼岸が過ぎれば秋の気配。「肩の力を抜いてごらん。そのときそのときの精一杯の花は、時期が来ればちゃんと咲くのだから」と、子育てで焦っている私に感じさせてくれます。

（ごんちゃん通信二〇一三年一〇月）

春から看護師さん

この春、看護大学を卒業したKさんは、見守りボランティアのお母さんと一緒に、お手伝いに来てくれていました。Kさんは、小学生の頃から安明寺の日曜学校にも参加していました。「赤ちゃんって癒される」と、学校がお休みのたびに来て、子どもたちと全力で遊んでくれます。

看護師国家試験合格の報告に来てくれたKさんを、スタッフと一緒に、ママたちもお祝いの言葉をかけてくれました。きっとママたちは、わが子がいつの日か、こうして社会に出ていくことを想像し、重ね合わせたのではないでしょうか。Kさんのお母さんは「あっという間よ」とおっしゃいますが、それはそれは、大変な道のりであることを、子育てを始めたばかりのママたちは感じていることでしょう。子どもの成長、私自身の成長を共に喜びあえる人との出会い、ありがたいことです。
看護師として命と向き合うお仕事をする上で、ごんちゃんで妊婦さんや赤ちゃん、お母さんたちと出会い、ボランティアさんとのお話の中で感じたことが、Kさんにとって、少しでも支えになればと願っています。

（ごんちゃん通信二〇一四年四月）

やさしい声

思春期に入り、娘から一時期「ありがとう」も「おはよう」も聞くことができなくなっていましたが、

高校生になり、少しずつ変わってきました。

ある夜、「小学三年生のとき、学校から直接ごんちゃんに帰ってきて、大嫌いな算数の宿題をいやいやしていたら、ボランティアのAさんがとってもやさしい声で、『まあ、えらいわねぇ』と声をかけてくれてん。なんかじ〜んとなって、泣いてしまったのを今も覚えているわ」と話すのです。この一〇年、そんなことがあったことも知らず、八歳の子が

そんな感情を抱くこと、そしてそれを今、私に話そうと思ったこと、すべてが衝撃でした。「挨拶もできない子に変わってしまった」と嘆いていましたが、娘自身は八歳の頃から変わらず、あったかい感情をもっていたかもしれないのに、挨拶をしてもらえない親になっていたのは、私の方だったのかもしれません。こんな話をするひとときを親子でもてたことは、娘とどう接していいか、いろいろな方法を試し、変わろうとしてきた私へのご褒美となりました。そして娘に小さな種を蒔いてくださったAさんに感謝するとともに、きっともっとたくさんの方に、親の知らないうちに育てていただいているのだろうと思うと胸がいっぱいです。

（ごんちゃん通信二〇一六年一〇月）

●ボランティアさんの声

Aさん：月一回のボランティアですが、楽しみにしています。ここに来る赤ちゃんたちは、私にとってひ孫みたいな存在。それに、道を歩いているとママたちがあいさつしてくれるんです。それがものすごくうれしいですね。

Bさん：親と同居するのが当たり前だった私たちの時代とは違って、ここに来るお母さん方は、ほとんどが核家族。一人で悩んでおられるお母さんもけっこういます。そんな方たちに「自分たちはこうだったんですよ」とお話しすることで、少しでも気持ちを和らげる緩衝材になれたらいい、と思っています。

Cさん：お母さん方は、お弁当をいっしょに食べたりして仲良くなっているので、何かあったときに相談し合えると思います。同じ年齢の人が話し合える場って、すごくいいなあと思います。

Dさん：阿弥陀様がいらっしゃるところは、ほかではまずないですよね。強要はしていないんですが、「仏様がいらっしゃるから手を合わせよう」というお母さんもちらほら。目の前に阿弥陀様がいらっしゃることで、「悪いことしたら、仏さんが見てはるよ」という昔からの教えを、身近に感じておられるかもしれませんね。

Eさん：最初は「役に立てるかわからないのに、ごんちゃんにお邪魔していいのかな」

と気兼ねしていましたが、「ここに来て元気になれるんやったら、来てくださいね」と言ってもらったのが、ボランティアを始めたきっかけです。ごんちゃんに来れば、たくさんのお子さんたちの声が聞けますからね。

Fさん：月一回、発達相談の青木先生や母性相談の矢場先生がお見えになるのもいいところですよね。お母さん同士のつどいの場所というだけでなく、専門家に相談できる場にもなっています。

Gさん：保育士さんが来られて、いろいろな工作を教えてもらえるところがいいな、と思います。本当にいろいろな材料を持って来られて、おひなさまやクリスマスなど、季節感のあるものを作らせてくれます。できあがったものを持ち帰ることができるのも、ステキなところですよね。私もいっしょに作らせてもらうんですが、私みたいな大人でもうれしいんですから、お子さんはもっとうれしいだろうなと思います。

利用者の声から

お手紙より

●ご主人の転勤で石川県へ

ごんちゃんは、私にとって本当に心強い存在でした。

一人でも気楽に行けたし、行くと実家に帰ったみたいにホッとして……。

こちらに来て、あらためて柏原の子育てのしやすさを実感しています。

これからも柏原のママたちの強い味方であり続けてください。

私も大阪に帰ったときは柏原のママ友とまた、ごんちゃんに顔を見せに行きたいです。

1歳3か月のとき、断乳したいと緑先生に相談したら「あと半年もしたら、びっくりするくらいお姉ちゃんになるから。今はまだ早いと思うよ」と話していただいたのを思い出して、まさにそのとおりだなあと思っています。

これから「魔の2歳児」にむけて、より一層たいへんになりそうですが、がんばります。

みなさんによろしくお伝えください。

第10章

私の子育て

ごんちゃん通信のコラム「春夏秋冬」には、私の家族とのやりとりも綴っています。書き残してきた一二八号（二〇一七年八月現在）すべてが、私自身の一〇年の歩みの記録となりました。読み返してみるとそのときにしか感じることのできない気持ちばかり。みなさんに何か感じてもらえればと毎月、文章にしてきましたが、そのお陰で自分を客観的に見つめることができていたのだと思います。

ひいおじいちゃんと

娘たちのひいおじいちゃんは、九七歳で耳は遠いが健在。教えたわけではないが娘たちは、ひいおじいちゃんには大きな声で手振り身振りを交えて話しかけます。ひいおじいちゃんが歩き出そうとすると杖をさっと渡し、手をつないで「いきましょうか」と声をかけます。私は「高齢者と接する」となると構えてしまうのですが、娘たちは難なくやってのけます。

ひいおじいちゃんも負けてはいません。「この子ら、靴下履かないと風邪をひく」と気にかけ、ひ孫育てに参加しています。来た道、行く道……教えられることがいっぱいあります。


（ごんちゃん通信二〇〇七年四月）

娘のＳＯＳ

長女は小学二年生。いつのまにか一緒に遊ぶよりも「これしなさい。あれしなさい」と追い立てる毎日です。ある日、冷蔵庫に紙切れが貼ってあり、娘の字で何か書いてありました。

「①あそぶの大すき。②えがお大すき。かぞく四人でがんばろう。もくひょう　いつもえがおで」

ドキッとしました。娘はこのメモ書きについて何も言わないで、私の目につく所に貼ったのです。娘からのSOSかもしれません。ただただ、微笑んでいよう。きっとそれだけでいいのです。

（ごんちゃん通信二〇〇七年一〇月）

どっぷり子育て

美容院で美容師さんに「夏休みは子どもの世話だけですか?」と言われ、ひっかかりました。確かに普段、「子どもに振り回されて自分の時間がないわ」とぼやいていましたが、人から言われると反論したくなります。

「子育てだけ」と一言で片づけてしまえる? 子どものおかげで喜びを分かち合える仲間と出会えた。迷ったときの拠りどころを示してくれた親の大きさにも気づけた。家庭の力だけでなく、地域の方との関わりで子どもが育っていく喜びも知った。「私」とは、「夫婦」とは、「家族」とは、「命」とは。子育てを通して、見えていなかったことが見えるようになりました。

美容師さんには「ひたすら子育てよ」と笑って答え、心の中で「何を焦っていたのだろう。今はどっぷり子育てするぞ」と思いました。

（ごんちゃん通信　二〇〇七年一〇月）

心が育っている

ともだちになるために　人は出会うんだよ
どこのどんな人とも　きっとわかりあえるさ
同じようなやさしさ　もとめあっているのさ
ともだちになるために　人は出会うんだよ
ひとりさみしいことが　誰にでもあるから
誰かを傷つけても　幸せにはならない
今まで出会ったたくさんの君と君と君と
これから出会う君と君と君と　ともだち

（新沢としひこ作詞「ともだちになるために」より　JASRAC 出 1712373-701）

この詩は、小学二年生の娘が授業参観のときに手話付きで合唱した歌の歌詞です。くったくのない一生懸命な歌声に涙があふれました。親になると涙もろくなるわ……と思いながら横を見ると、一緒に聞いていた四歳の次女の目からも涙が流れています。私と目が合うと「なみだ、でるねん」と恥ずかしそうに言います。

心が育っている……。本当はゆっくり参観したくて、あなたを連れてくるのをためらっていました。たとえ、どんな親でも「ママ、ママ」と言ってくれるので、こんな風にその小さな体でいろいろなことを受けとめ、感じていることを忘れていました。ごめんね。大切に大切にしたい、と思っていたはずなのに。

（ごんちゃん通信二〇〇八年三月）

どんなふうに現れるのだろう

何かに追い込まれたとき、ふっとお世話になった人の言葉が思い浮かびます。「いろいろなことを並行してできる人になりなさい」と、二〇年も前に教育実習の指導教師に言われたことが、主婦になって身にしみています。

先日、テレビを見ていた娘たち。涙を誘う場面で「パパだったら泣くなあ」と、涙もろいパパのことを話していました。またある日は、散らかし放題の部屋を見て「おばあちゃんが見たら、片づけなさい、というなあ」とつぶやきながら片づけ始めました。

子どもたちにとって大切な人の言動は、その人がその場にいなくても心に浮かんでくるものです。私がいないときをちょっと覗いてみたいなあ。今なら「ママに怒られる」というところでしょうか。

将来、子どもたちが困難に立ち向かうとき、私はどんなふうに現れるでしょうか。厳しく、あたたかく現れたいものです。

（ごんちゃん通信二〇〇八年四月）

強い根っこを育てたい

箱入り娘とはよく言ったもので、できることなら娘たちが病気にならないよう、悲しい思いをしないよう、箱に入れて育てたいと思うことがあります。

テレビ番組で、あるデパート食品部門の営業マンが、無農薬農園に取り組む特集がありました。病気や害虫を駆除するのに悪戦苦闘の末、結局それらに負けない強い根っこを育てることにいきついたそうです。

私が中学二年生のとき、クラスメートとうまくいかず、一人ぼっちでお弁当を食べた時期が半年ほどありました。母は知ってか知らずか特に何も言わず、成績が下がったことを叱られはしましたが、いつも通りめいっぱい詰め込んだお弁当だったことを覚えています。

映画「崖の上のポニョ」に出てくる母親は、子どもが窮地に追い込まれたとき、まず自分の気持ちを瞬時に切り替えて、それからあたたかい飲み物とやさしい笑顔で子どもたちを包み込みます。

娘たちの強い根っこを育てたい。でも、それには私自身の根っこもまだまだ育てなければと思います。

（ごんちゃん通信二〇〇八年一〇月）

見抜かれている

芸能人が波乱万丈な人生を語るテレビ番組を娘たちと観ていたとき、根掘り葉掘りインタビューされる様子に、九歳の娘が「昔のつらいことをまた思い出してしゃべるのって、いやじゃないのかな」とつぶやきました。ボーッと観ていた私はビックリ。そんな気持ちを想像できるということは、娘もそういう思いをしたことがあるからでしょうか？

まだまだ子どもで、単純な感情で生活しているように思っていました。私は慌てて言葉を選びながら「人に話すことができるということは、もうつらいことを乗り越えているのではないかな」と話しました。

こんなやりとりができるようになっているのに「がんばりなさい」「ちゃんとしなさい」「いいかげんにしなさい」など、漠然とした言葉でしか接していなかったことが、恥ずかしくなりました。

この分だと、大人のずるい所、取りつくろっている所を見抜かれているような気がします。

（ごんちゃん通信二〇〇九年）

ママが反省するためなら

『きょうは、おかあさんにおこられました。こえをかけてもへんじはもどってきませんでした。すごくしょっくでした。ほんとうはじぶんがわるいのに、ひとのせいにしてしまいます。なので、あやまれません。ことばがつうじないようです』

これは次女の日記です。いったいこの日、何が起こったのでしょう。日付は夏休み終盤。猛暑と疲労がピークだったことがうかがえます。

次女がニヤリとしながら「ママ、これにへんじをかいて」と、日記のこのページを開いて持って来ました。娘は母親に厳しいです！ きっとこの日の私の態度は、愛情を感じられない怒り方だったのでしょう。

「ママ、つらすぎてお返事、書けないわ。この日、ママはとてもしんどかったのだと思うの。ママが叱るのは、Tちゃんに大事なことをわかってほしいからだから、これからも叱るけれど、この日のような態度は反省するね、ごめんね」と話しました。娘は納得したようにうなずきました。

「人生やり直しはできないけれど、見直し、育ち直しはできる」と、神戸大学教授（当時）

の広木克行氏は講演されました。一年を振り返るこの師走に、娘からそのチャンスをもらったように思います。

さあ、母親業は始まったばかり。これからこれから。ちなみに、ママが反省するためなら、ごんちゃん通信にこの日記を載せていいと、娘がＯＫをしてくれました。

（ごんちゃん通信二〇一一年）

いのちの重さ

鮭のムニエルをしようとしたとき、浮かんできました。「海は身から、川は皮から」という、私が小学生のときの調理実習で、海の魚と川の魚の焼き方を教わったときの先生の言葉。他にも、小学一年の担任の先生の「脳みそは池の水と一緒。動かしておかないと腐る」とか、ピアノの先生の「あなたが着ているチェックの服の色みたいに音にもいろいろな色があるのよ」とか。大人になっても先生方の声が聞こえてきます。

娘が持ち帰った保健の先生発行のお便りに、体重を必要以上に気にする小学生に向けて「あなたの体の重さは命の重さです」と書かれていました。一七七二グラムで生まれた長女が三〇キロを超えるまでに成長できたことの喜びや次女の体重増加を心配し、気にしていたことが混じり合って、グッときました。

私は娘たちに、心の奥に染み込むような言葉で、大切なことを伝えることができているでしょうか。

（ごんちゃん通信二〇一一年一〇月）

「がんばれ　じぶん」

四月号の発行が予定より遅れてしまいました。三月一一日に発生した東日本大震災のことで心がいっぱいで、どんな言葉も何か違うような気がして、ペンがなかなか進みませんでした。

そんなある夜、テレビで被災地の報道を娘たちと観ていたら、七歳の娘が白い紙に大きく「がんばれ日本。がんばれ　じぶん」と書いて見せました。震災直後、「見たい番組がぜんぶやっていない」とぼやく娘たちに「ああ、まだまだ心は育っていないなあ」

と、親としてどう伝え、教えていこうかと嘆いていたところだったのですが、ちゃんと感じて言葉にしてくれました。

「がんばれ　じぶん」

今までに、七歳なりにそう思ってがんばったことがあったのでしょうか。他人事ではない、と思ったのでしょうか。つらい、悲しい、苦しいとき、あなたの書いてくれた、その言葉をかみしめて乗り越えていきたい。そしてあなたも、人生において、その言葉を本当に必要なことに直面するかもしれないと思うと、無邪気に書いている今が、とても愛おしく思えます。

（ごんちゃん通信二〇一一年四月）

一枚の写真

ごんちゃんの庭の桜が咲きました。長女が小学校入学のとき、記念に植えた桜です。中学二年になった娘とは何かとぶつかり、お互いイライラしていて、ある夜も激しい言い合いになりました。そんな中、通勤カバンを整理していた夫が「かわいかったなあ」

と言って取り出したのは、娘が六歳の頃の写真とパパへのバースデーカード。あどけない笑顔、たどたどしい字。父親が七年間持ち歩いていたそれを、娘は黙ってじっと見ていました。

その写真を見て思い出すのは、人見知りが激しく、誰にも代われないほど私から離れられなかった小さかった頃の娘のこと。そんな娘が大きく成長しようとしているのに、荒れていたのは、思春期の娘ではなく、私の方かもしれません。こうあってほしいと焦り、私自身の生活のイライラをぶつけていたことに気づきました。すると、私が何か変わったからでしょうか、最近、娘は明るく返事をするようになり、私に「荷物、持とうか?」と声をかけてくれるようになりました。

心に響いたのは一〇〇回の言葉より、一枚の写真だったのでしょうか。

お天気のよい日に、娘と桜の木の前で写真を撮るつもりです。その写真が、またいつか助けてくれるかもしれません。桜の木は娘の成長だけでなく、私の歩みも見つめてく

庭のしだれ桜

れています。

（ごんちゃん通信二〇一三年四月）

ひいおばあちゃんゆずり

第二子妊娠三か月のとき、私の祖母が亡くなりました。たぶん、生まれてくる子に会えないだろうと思うと妊娠のことは祖母に話せませんでした。病状が悪くなり、入院する朝、「もう祝えないかもしれないから渡しておく」と言って祖母が手渡したのは、私やひ孫への「誕生日お祝い」と書いた手作りのぽち袋。まるでそれが仕事のように、帳面に家族それぞれの祝い事の日を書き留めていた祖母は、最後の最後まで気にかけていました。その後、退院でき、自宅で八六歳で亡くなりました。むくんだ足の足浴を手伝っていた当時三歳の長女は「ひいおばあちゃん、もうしんどくなくなったね」と言いながらも、葬儀では大きな声で泣きました。娘にとって生まれて初めての感情だったと思います。人が老い、亡くなるとはどういうことかを祖母は教えてくれました。

おなかにいた子は今、九歳。祖母に会うことはできなかったけれど、祖母と同じ左ききで、祖母と同じように家族や友だちの誕生日をカレンダーに書き込んでプレゼントをするのが大好きです。私も見せていかねば。何を大切に思い、楽しんで生きているかを。

（ごんちゃん通信二〇一三年六月）

Mちゃん　ありがとう

娘が小学一年のとき、手首にガーゼを巻いて帰宅しました。どうしたのかと聞くと「ちょっと噛まれてん」と言うのでびっくりして「どうして?」と問い詰めましたが、娘はそれきり何も言いません。普段なら、ちょっとしたことでも絆創膏や湿布を貼りまくるのに、おかしい。その夜、お風呂で聞いてみると話してくれました。

支援学級のMちゃんは、机にえんぴつで字を書くのが好きらしいのですが、あまりにもいっぱい書いていたので「机に書いたらあかん」と注意したそうです。娘は苦笑いしながら「Mちゃんは、きつくいわれていややったから、かんでしまってん」と話します。「Mちゃんが嫌なことわかってあげてえらいねぇ」と褒めるとうれしそうでした。

それからしばらくして、Mちゃんは転校しました。ある朝、学校に行ったらお道具箱も置いたまま、誰にもさよならも言えないまま行ってしまったそうです。「おとうさんがむかえにきたんだって。せんせい、ないてた」と言って、よく理解できないまま、置いていったお道具箱を気にしていました。

娘に、お友だちの気持ちを思いやるということを教えてくれたMちゃん、ありがとう。

（ごんちゃん通信二〇一三年七月）

長い長い時間をかけて

桃の節句に、父が撮って自分で現像し大きく引き伸ばした白黒写真があります。母の実家からいただいたお雛様の前で、初節句の私を抱いている若い祖父。やさしいまなざしで初孫を見つめています。今になってようやく、そのときの祖父の気持ちや、それをカメラにおさめる父、それを見つめる母の想いがじんわり心に伝わります。

娘との向き合い方に悩み、スクールカウンセリングを受けました。私が「娘に、親や友だち、先生など周りの人の信頼を失くすようなことをしてほしくないのです」と言うと、先生は「あなたがそう思う人になるまでには、あなたのご両親は長い長い時間をかけてこられたのだと思いますよ」と話されました。

まさに、白黒写真は、ものごころつかない頃から、いえ、生まれる前から、家族の願いに包まれて今があることを感じさせてくれます。子育ては、結果がすぐに出ることではないのです。四〇歳過ぎてもまだまだ、見えていないことがあります。

（ごんちゃん通信二〇一四年三月）

うれしいこともつらいことも

娘の友だちのお母さんが「小学六年のとき、Sちゃん（長女）が児童会委員や運動会の応援団を一緒にしようって誘ってくれたおかげで、娘は変わったのよ。自分からすすんでできる子じゃなかったから、Sちゃんに感謝しているのよ」と、私に声をかけてくれました。

親の知らないところで、たくさんの人に見守られて娘が育っていることにうれしくて

「ありがとう、ありがとう」と泣きました。

人の言葉に傷つくこともありますが、気遣い、励まし、あたたかく叱ってくれる人の存在が力になります。私や娘の様子を見ていて、今、それを伝えてあげようと思ってくれた友人の気持ちに助けられます。

ごんちゃんでお話しましょう。うれしいことも、つらいことも。


（ごんちゃん通信二〇一五年一月）

がんばったから　唐揚げ

運動能力を記録するスポーツテストが小学校で行われる日の朝、娘が「ソフトボール投げ、クラスで一番になりたい」と言って登校しました。地域のソフトボール部で五年間、肩を鍛えてきたので自信がある種目なのでしょう。

帰宅してすぐ「体前屈、けっこうできたよ」と報告するものの、ソフトボール投げの話が出てきません。そこで「ソフトボール投げはどうだった?」とあえて聞いてみると

「二三メートルで、去年よりもだめだった」と気まずそう。「〇〇ちゃんは三〇メートルこえたよ」とも。……みなさんなら、子どもに何と声をかけますか？　自分から話さないという時点で、ソフトボール投げのことを聞かない、ということも考えましたが。きっと悔しい結果を私にどう言おうかと考えながら帰ってきたのでしょう。他のソフトボールメンバーの結果を私が気にしているとも思っているようです。私は「そうなんやぁ」とだけ言って「暑かったから疲れたでしょう」とおやつを一緒に食べました。

ママはそういうことではがっかりしないのですよ。真っ赤な顔でがんばったのだろうな。夕ご飯は娘の大好きな唐揚げにしました。

（ごんちゃん通信二〇一五年七月）

●大学生のコメント　S・Hさん

母親の葛藤と勇ましさを感じました。笑顔でしっかりして見える母親でも、子どものこと、家庭のこと、自分のことなどで悩んでいることがたくさんあるのですね。

●お返事

「お友だちのおもちゃをとる」「爪をかむ」「家ではできるのに外では挨拶をしない」「お肉が飲み込めない」「水遊びができない」「ピンクの服しか着ない」……。これは、母親たちの心配事の一部です。大人になれば自然と解決しそうな悩みも、母親たちにとっては「ちゃんと育っているのだろうか」と不安でいっぱいなのです。

それでも、親はたくましく、輝いています。なぜなら、子どもが笑ってくれて、力強く成長を見せてくれて、未来を楽しみにさせてくれる存在だから。親としての苦しみを味わえるのも「喜び」であると教えてくれます。

利用者の声から

アンケート「ごんちゃんを利用して感じたこと」3

●「卒業」したお母さんから

親子リズムでは子どもも喜んで参加させてもらい、歌や踊りを楽しみました。
（3歳8か月）

親も子もいつも癒されていました。育児の悩みを聞いていただいてたいへん助かりました。トイレのトレーニング、お弁当の練習、友だちとの関わり方など、たくさんの経験をしました。ありがとうございました。
（2歳・7歳）

ふだん家にこもりきりだったので、ごんちゃんに来てからいろいろなお母さんたちに出会ってお話しすることが楽しかった。ごんちゃんという場所があってよかったと思います。
（7歳）

発達相談や母性相談では、専門の先生に気軽に相談できるのでよかったです。小学生になった今でも地域で会えば、スタッフの方々が声をかけてくださるのでとてもありがたいです。ドレミファごんちゃんのおかげで、楽しく赤ちゃんの時期を過ごせました。
（7歳）

ごんちゃんは親や子どももいつもあたたかく迎えていただける場所でした。当時ごんちゃんで集まっていたメンバーとは、今でも「ごんちゃんメンバー」として仲良くさせてもらっていて、ごんちゃんの絆を感じます。

子どもが小さくて大変だったあの時期に、ごんちゃんという場所があって本当にありがたかったです。（5歳・7歳）

第11章

ごんちゃんと娘たち

二人の娘たちの成長において、ごんちゃんは大きな存在です。ごんちゃんで育ってきたと言ってもいいくらいです。娘たちがもう少し大人になってから「あなたにとってごんちゃんとは？」と聞いてみたいと思っています。

ごんちゃんごっこ

娘二人は、春休みの週三日をごんちゃんで過ごしました。そんなときは、家に帰ると「ごんちゃんごっこ」が始まります。人形を抱き、Tシャツのおなかのところに大きなボールを入れて妊婦に変身。長女はおっぱいを飲ませながら、次女はおむつを替えながら会話が進みます。

「この子、まだおっぱいやめられないねん」

「わたしは、昨日からやめてるのだけど、夜中泣いて泣いて」

「そうそう、〇〇幼稚園に決めてん」

「ああ、あそこの先生、ようみてくれはるよ、きびしいけど」

その合間に人形（赤ちゃん）に話しかけます。

「あらあら、どうしたの？　ぐずぐず言いだしたわ。ねむくなったかな」

「外、いきたくなったんじゃない？」

くわばら、くわばら。よう見てる。笑いをこらえながら夕食の準備をしました。娘たちがママになったらこの話をしてあげましょう。


（ごんちゃん通信二〇〇九年五月）

もっと大事なこと

二〇代は勉強も仕事もがんばったら結果がついてくると信じて、少しでもよい評価を求めていました。ところが、妊娠、出産、子育てはそうはいきません。妊娠中は子どもの生命力に任せることしかできませんでした。

「なぜ、寝ないの？」「どうして食べないの？」「なぜ、ちゃんとしないの？」と考えても、私がいくら努力しても「状況を受け入れる」「時を待つ」ことができないと、とにかくしんどい。子どもの成長は「歩きたい」「食べたい」「遊びたい」という子どもの気持ちがあればこそ。そのことに気づいた三〇代。

ある雨の日、自宅にピアノのレッスンに来ていた生徒さんが帰ろうとすると、乗ってきたバイクに雨よけの傘がさしてありました。一〇歳の娘がしたことでした。ごんちゃんの駐輪場で、雨の日に来られたママの自転車が濡れないようにそうしているのを見ていたのでしょう。朝ごはんをたらたら食べること、宿題をさっさとしないこと、すさまじい姉妹げんかなど、普段、山のように注意していたことが吹っ飛びました。教えようとしていたことより、大事なことを子どもは見ていてくれました。何を大切にして生きているか、私自身が自覚する四〇代になりそうです。

（ごんちゃん通信二〇一〇年七月）

あかちゃんをうむ

小学五年の長女の新学期は、友だちとプロフィールカードを交換するのに大忙しです。家族にまで配ります。小学一年の次女が書いたそのカードの「将来の夢」の欄を見ると「あかちゃんをうむ」と書いてあり、ビックリ。

春休み中の長い時間をごんちゃんで過ごしたので「ママ、あかちゃんをうんで」と言い出しました。聞き流していたので、ママが無理なら自分で産もうと思ったのでしょうか。きっと、ごんちゃんに来られるママたちの愛おしそうにわが子をお世話している姿が、とてもとても素敵に見えたのでしょう。「わたしもじぶんのあかちゃんのおせわがしたい」と言うのでした。

「お母さんになるには、料理も洗濯もお金の計算もできるようにならないとね。それに、どんなにテレビを観たくても遊びたくても、赤ちゃんをお風呂にいれたり、ご飯を作ったりしないといけないよ。自分のしたいことだけじゃなくて、しんどいこともできるようになることが大人になるということよ」と話しました。すると娘たちは「できるようになるかなぁ」と心配そうに言います。「二人がお母さんになるのを楽しみにしているからね」と励ましました。

一〇歳になった長女には、そろそろ体の成長について話す時期が来たようです。今、私は、夢に見ていた「お母さん」です。せっかくお母さんになれたのですから、大変だとぼやいていてはいけませんね。

（ごんちゃん通信二〇一〇年五月）

スタッフ顔負けの洞察力

七歳の娘は、ごんちゃんで遊んで帰った日は、気づいたことをいろいろ話します。

「Rちゃんが『おいしい』っていえるようになっていてびっくりした」

「ちいさいこは、ママのいうことをまねしてはなすのね」

「Mちゃんは、Hちゃんのあそんでいるおもちゃばっかりほしがるね」

「Nちゃんは、かわいいものがすきだとおもうわ、わたしのキーホルダーをさわりにきたから」

「Tくんって、おこられるのをわかっていて、わらいながらやっているね」

「Sちゃんって、まだ六か月なのに、もうおすわりできるよ」

……いろいろ、わかっているのですね。スタッフ顔負けの洞察力。ありのままの姿を見つめることは、簡単なようで難しいのです。


（ごんちゃん通信二〇一一年八月）

第12章

いのちを見つめる

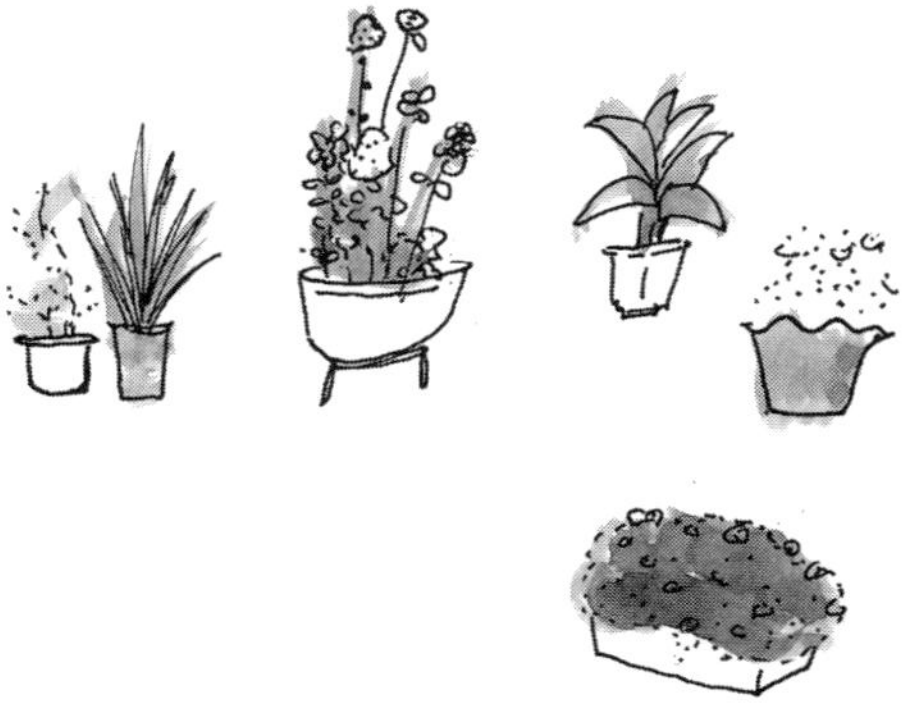

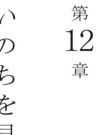

娘たちやごんちゃんに来る子どもたちを通して「生」、そして「死」と向き合ってきました。ごんちゃんは子育て支援施設ですが、そこで出会った人と向き合うということは「いのちと向き合う」ということです。赤ちゃんの誕生や成長の喜び、そして流産、死産、家族の介護、家族の看取り、子どもの病気、自分自身の病気、心の傷などの苦しみもごんちゃんで受けとめてきました。苦しいことがあるからこそ、目の前のうれしいいのちの発見をごんちゃんでは大切にしてきました。

ありがとうゴン

親子広場の名前になっているわが家の愛犬、ゴールデンレトリバーのゴンが一二月に死にました。

三歳の娘は、寝たきりになったゴンがさみしくないように、自分が大切にしているおもちゃを、見えるところにいっぱい並べてあげました。六歳の娘は、死と向き合い泣きました。

「生きている間に、たくさん大好きだよって言ってあげようね」

「死ぬのって、たいへんなんだね」

「もうこれでしんどくなくなったね。ママももう泣かなくていいね」

と、ゴンのおかげで、娘たちと共にいのちを感じることができました。ありがとう。

何気なくつけた親子広場の名前。いつまでも、ゴンが今までと同じように見ていてくれているようです。

（ごんちゃん通信二〇〇七年一月）

いのちをみんなが待っている

臨月に入ったママが、二歳のお姉ちゃんと来られています。

「おなか、おおきいなあ」

「あかちゃん、どうやってはいっているのかなぁ」

「いつでてくるの?」まだ、生まれて三年ほどの子どもたちが、不思議そうにおなかを眺めてたずねます。

……ついこの間まで、みんなもおなかの中にいたのですよ。

陣痛が始まればタクシーを呼び、お姉ちゃんを連れて病院へ行く予定だが、昼間は「誰かといると安心なので」と、ごんちゃんに来られています。スタッフはひそかにタクシー手配の電話番号を電話のところに大きく書いて貼りました。

新しいいのちをみんなが待っています。どの子どももそうして生まれてきたのですね。

(ごんちゃん通信二〇〇七年三月・二〇一三年五月)

トマトっておいしいね

Yちゃんが、おばあちゃんの家で採れた新鮮なプチトマトをたくさん持ってきてくれたので、みんなでいただきま

した。

ママ言わく「嫌いなはずなのに」子どもたちはぱくっぱくっと、おいしそうにほおばります。

おいしいものをみんなでいただくって、うれしいですね。「家で食べないものは、ごんちゃんに持ってこようかな」そんな声も聞かれました。（ごんちゃん通信二〇〇八年九月）

裏庭で

バッタを見つけた子どもたち。「はなちゃん」と名づけて、葉っぱを敷いた入れ物に大事そうに入れました。

庭になっている野ぶどうの実を摘んで、布を浸して染めてみました。鮮やかなぶどう色に大人も大歓声でした。

庭の石垣の隙間に、初夏になると沢ガニが出てきま

す。怖々不思議そうに見つめる子、触れてみる子、泣き出す子、さまざまです。大人も並んでじーっと観察。捕まえて遊んだあとは、おうちに帰してあげます。

ごんちゃんのお友だちと過ごすゆったりとした時間は、ささやかな、でもとても幸せなひとときです。

（ごんちゃん通信二〇〇八年九月）

理科の観察

スタッフが、庭の葉っぱに、さなぎと青虫を発見しました。ごんちゃんでしている手遊び「♪きゃべつの中から〜」の青虫だ！　と、子どもたちは大騒ぎ。ボランティアさんは昆虫図鑑を開いて、アゲハ蝶の青虫だと調べてくれました。子どもたちはじーっと観察。〇歳児のママは「口に入れて食べそう」と、ひやひやしながら見せていました。香りの強い木を入れたダンボールで観察箱を作り、スタッフの家のベランダで蝶々になり飛び立ちました。神秘です。

（ごんちゃん通信二〇〇九年九月）

祖父のこと

三年前の一二月、九七歳で祖父が亡くなりました。四〇年共に暮らした祖父ですが、私は祖父のことが苦手でした。私の妹は「おじいちゃん、おじいちゃん」と甘えることができるのですが、私はできませんでした。

足が弱り、そんな私にも頼らなくてはならなくなり、私の手をぎゅっと握って歩くようになりました。それでも、私はやさしい言葉をかけられませんでした。

お洒落で細やかな生活をしてきた祖父は、呼吸と食事と睡眠で精一杯になっていく「老い」と「死」を自分の身をもって示してくれました。

祖父が亡くなってから、私の何気ない習慣や好みに、祖父の姿が重なるとき、祖父の存在の大きさに胸がいっぱいになります。ハーモニカ、バイオリン、オルガンなど音楽に親しんだ祖父のＤＮＡは確かに私の中にあります。

子どもたちに「何回言ったらわかるの！」と怒りながら「まだまだ、わかるわけないか」と笑えるようになったのも祖父のおかげだと思います。

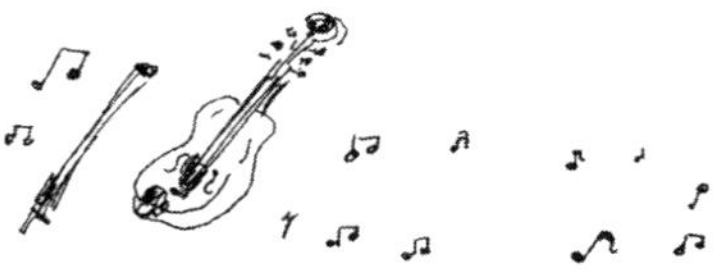

ずっとずっと先にしか見えてこないものがある。見えない大きな想いの中に私がいるということを、親になり、祖父母が亡くなり、ようやく気がつきました。

「そういうものだよ」と、おじいちゃんはうなずいてくれているでしょうか。

（ごんちゃん通信二〇一〇年一二月）

利用者の声から

メールのお便り

みどり先生

スタッフの先生方へ

いつもお世話になっています。

先月から切迫早産で入院していましたが、10日に帝王切開することができました。

3105グラムの元気な女の子が生まれました。

初期には切迫流産で入院、最後は切迫早産で1か月も入院して家族や友達みんな心配してヒヤヒヤさせましたが、やっと出てきました。

私はまだ術後でヨチヨチ歩きですが、元気になってきました。

退院して外出できるようになれば、またお邪魔します。

これからは、3兄妹をよろしくお願いします。

第13章

ドレミファごんちゃんとビハーラ活動、市内施設との連携

1　ビハーラ活動

ごんちゃんの拠点は「ビハーラの家」。聞きなれない言葉なので「どういう意味ですか？」とよくたずねられます。この建物を「ビハーラの家」と名付けたのは安明寺の坊守（お寺をあずかる女性のこと）である私の母で、「こう質問してもらい、この言葉を広めるために名付けた」と話します。

「ビハーラ」とは、インドの古語、サンスクリット語で「憩いの、安住の」という仏教用語です。子育て支援に限らず、ご門徒や地域の方々が集い、語らう憩いの場の提供はお寺の大きな役割です。「年をとってから、死んでからではなく、生きているうちに必要とされるお寺にしたい」という願いから、ビハーラの家は設立されました。

ビハーラの家の看板が完成

ごんちゃんの拠点である「ビハーラの家」の入り口に、手作りの看板があがりました。この看板と、玄関の丸い和紙を張った灯りを作ってくださったのは、子どもの頃から安明寺とご縁のある益田尚起さんの作品です。気に入った形の流木をインターネットで取り寄せ、徹夜で字を彫り上げ、同級生の仲間三人と色をつけてできあがりました。「ビハーラの家」という字は安明寺住職の書を忠実に彫っていただきました。赤い文字はサンスクリット文字で「ビハーラ」と書かれています。

益田さんは「小さい頃から親しんでいるお寺に残るものを作ることができてうれしい」と話されます。

ごんちゃんに来られている子どもたちにとっても、そんな想いを寄せていただけるような場所となることを願っています。

（ごんちゃん通信二〇〇九年一一月）

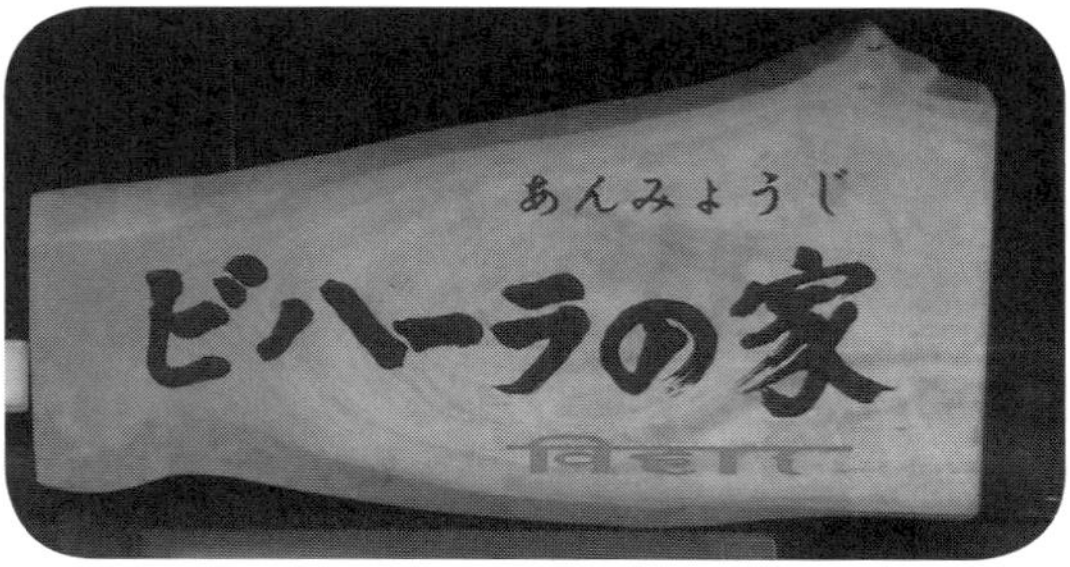

内閣府より
チャイルドユースサポート章受章

この度、内閣府の子ども若者育成、子育て支援活動の事例紹介事業である「チャイルドユースサポート章」を受章しました。二〇一二（平成二四）年度は全国で五団体二個人が受章しました。

ごんちゃんの「民間施設としてつどいの広場事業を、地域ボランティアを中心に運営し、地域社会に世代を超えた交流のできる場所を提供している。本施設は後発の市直営二施設のモデルとなっている」という活動内容が評価されました。

これは、二〇名のボランティアのみなさま、相談事業を支えてくださる青木道忠先生、矢場清栄先生、そして、ごんちゃんを利用してくださるみなさま、ごんちゃんを推薦してくださった柏原市子ども課（現在のこども政策課）のご協力、ご指導のおかげと感謝しています。これを励みに、ますますみなさまに寄り添う活動を続けていきたいと思います。

*二〇一三年七月、日本生命財団健全育成助成団体にも選ばれました。（ごんちゃん通信二〇一三年二月）

ビハーラとは

浄土真宗本願寺派安明寺坊守　ドレミファごんちゃんスタッフ　大橋　紀恵

「ビハーラ」という名称が田宮仁先生（日本仏教看護・ビハーラ学会名誉会長）により提唱されて三〇年になります。「ビハーラ」とはインドで用いられた古代語であるサンスクリット語で「憩いの、安住の」という意味の仏教用語です。地域の人にこの「ビハーラ」という言葉を知ってほしいと考え、安明寺が利用することになった古民家に「安明寺ビハーラの家」と名づけました。

私が「ビハーラ」を知ったのは、私が三一歳のとき、母の死が縁で得度をうけ僧侶になったときでした。医療と福祉と宗教がチームを組んで人々の苦悩に寄り添うことが不可欠であると考えて、ビハーラ活動者養成研修が西本願寺で始まっていることを知り、早速受講し、ビハーラ大阪の会員となって現在も活動しています。

私は越前市に出生し三歳で父が戦死、そのことが縁で寺院との関わりが深くなりました。また、日々の生活の中に仏教が習慣として根づいておりました。結婚を機に寺院が生活の場所となり、自分の子どもが生まれたことを縁に地域の子どもたちとつながりをもち、関わりを深めてお寺のことを知ってもらうことが大切であると考えました。

一九七三（昭和四八）年に月二回の日曜学校を開設しました。法務は前住職が担当してくれていましたので、住職と私は日曜学校が楽しくて意味のあるものとして定着できるよう季節ごとの計画を練ったり、浄土真宗本願寺派大阪教区主催の夏季宿泊研修に参加するなど工夫をこらしました。当時は子どもの人数も多く、地域の子どもたちが毎回たくさん参加してくれました。今も花祭りに必ず登場する大きな白い象は、一期生が手作りしてくれたものです。

花祭りに初参式をするようになって一〇年ぐらいになりますが、一年間に出生した子どもさんとその家族が参加して、大勢の子どもたちとお祝いするようになりました。最近は地域の子どもの数が減り、日曜学校は成立できなくなりましたが、親子広場ドレミファごんちゃんとして、柏原市の子育て支援事業に取り組むことになったのも何かの不思議なご縁と思えます。

一〇年前に近隣の山の中腹に知的障害者通所施設が開設されました。周囲には民家もなく地域との交流がとりにくい環境にあります。私は第三者委員の依頼を受け

安明寺のシンボルツリー、菩提樹

ましたが、私自身が知的障害についての理解が不十分であることに気がつきました。この施設が古紙や空き缶回収を始めることになったので協力を申し出ました。地域の近隣の方々にも回収曜日をお知らせして協力をお願いしています。また、回収に来られた折にはビハーラの家に立ち寄っていただき、子育て支援をしているボランティアの方とお茶を飲みながらふれあう場をもつようにしています。

親子広場のほか、ビハーラの家は浄書の会（写経）、いきいき体操、パッチワーク、手作り教室など地域の方々がつどえる場となっています。

これまでの道のりをふりかえりますと、寺院が果たす地域での役割とは何かをたえず模索して、まず地域の子どもと関わり、いろいろな世代の人々とのつながりを大切にしてきました。また私の看護者として、宗教者としてのもてる力を発揮しながら周囲の人たちとも連携し、その人の願いが、できるだけ具現化できるよう努力してきました。これからはますます高齢化がすすみ、独居老人やがんによる自宅療養者が増えてきます。福祉・医療施設との連携をとりながら、その人らしく安らかに最期を迎えるために一人の人間として、また宗教者としてどのように関わっていくかが課題です。

2　市内施設との連携

二〇〇六（平成一八）年に柏原市の第一号のつどいの広場として、ごんちゃんが開設された後、市内にはＪＲ柏原駅前マンション内に「ほっとステーション」、玉手地区に「たまてばこ」が続いて開設され、市の職員により週五日、九時から一七時まで開放するようになりました。また市内には三か所の子育て支援センターや療育教室があり、柏原市こども政策課のもとで連携しています。情報の共有や子育て支援行事の協賛など、民間施設であるごんちゃんですが、柏原市の取り組みのひとつとして大きな役割を担っています。利用する側は市の補助事業だということで安心して利用でき、ごんちゃんだけで対応するのではなく、適切な施設につなぐことができ、柏原市の子育て支援方針を把握することができるのです。警察につながる緊急ブザーの設置や光化学スモック情報提供、不審者情報提供、子育て支援関連講習案内なども柏原市から補助を受けているからこそです。

そのため柏原市へは日誌、月間活動報告、地区ごと年齢別の利用者人数報告、年度末活動報告・予算決算報告、個別相談件数などを提出しています。

その他、柏原市にある福祉施設とも連携協力を行っています。障害福祉施設「風の森」の古紙、ダンボール、空き缶の回収活動や物品販売に協力しています。地域の方々がビハーラの家に持ち寄ったリサイクル品を毎週一回、風の森の通所者数名と職員が回収に来ます。車に積み込んだ後、一時間程度、お茶を飲みながら赤ちゃんの遊ぶ様子を眺めたり、ときには一緒におもちゃで遊んだりして過ごします。また、同じく柏原市にある「くるみ福祉会夢工房くるみ」で作ったクッキーの販売も協力し、商品納品の折に、ごんちゃんが地域の方との交流の場となっています。

通所者さんと顔なじみになり、近況や施設での行事のことなど話してくれたり、赤ちゃんと一緒に手遊びや工作に参加したりするようになってきました。また「風の森」のクラブ活動のミュージックベルのグループには、ごんちゃんでの親子のための音楽会に出演をお願いしています。

「風の森」も「夢工房くるみ」も、ごんちゃんのスタッフとのご縁から交流が始まりました。スタッフにとっても、それぞれの施設の様子を話しながら、よりよい関わりについて考える機会にもなっています。

●大学生のコメント　N・Mさん

大学の講義やゼミで学んでいる「ビハーラ」について、これまで「死の問題」と思っていました。

ごんちゃんは、おばあちゃんの家に来てくつろいでいるような感じがして、子どもたちもきょうだいのように見えました。「地域のつながり」のあたたかみも肌で感じました。あたたかみは人の心に安心感を与え、それが、さらにつながりを広げていきます。まさに、これが「ビハーラ」なのだと気づきました。

●お返事

「ビハーラ＝死の問題」ではありませんが、「死の問題＝生の問題」と言えます。生まれたばかりの赤ちゃんと日々会いながら「老い」や「死」について考えるからです。人はこのように生まれ、育っていくのだと教えられるのと同時に「自分もそうであった」と、私を育ててくれた親、祖父母、お世話になった方々との関係を見つめ直し、いかに見守られてきたかに気づくのです。まさに「前に生まれん者は後を導き、後に生まれん者は前に訪え」を実感します。

命を授かることの尊さと、その奇跡を目の当たりにし、大きなはたらきの中で生かされていることを感じずにはいられません。

●**大学生のコメント**　Ｈ・Ｒさん

ごんちゃんは若いお母さんでも、顔見知りがいなくても一人で利用できると聞きました。実習生の私もあたたかく受け入れていただきました。

私の実家もお寺ですが、お寺だからこそ人が集まり、ごんちゃんのような場所になるのだと、あらためてお寺のありがたさに気づきました。

● お返事

子育ての悩みは入り口に過ぎず、長いお付き合いになると、家族やご自身のことを相談されるようになります。時間が解決することもあれば、受け入れがたい問題にも直面します。「寄り添う」とはどういうことか、「苦しみを受け入れる」とはどのように生きることかを問い続けています。

このような浄土真宗の仏法に日頃から遇われているご門徒や「お寺のすることなら」と協力してくださる地域の方々にボランティアとして関わっていただき、安心しておまかせしています。お寺と地域との歴史あるつながりが、ごんちゃんの「あたたかな活動」を支えています。

先日もボランティアさんが「あんまり気をつかわないでね、無理しなや」と声をかけてくれました。大人になってもやさしくされることはうれしく、本当にありがたいことです。

初参式

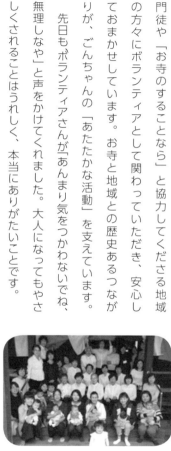

ごんちゃん通信

2006年
9月創刊号
vol.1

発行：柏原市つどいの広場事業　親子広場ドレミファごんちゃん

はじめまして「ドレミファごんちゃん」です

「子供と一緒に予約なしでもくつろげる所ないかしら」

「そろそろお友達ほしいな」「心配なこと聞いてほしい」

そんなママ達の声にお応えして柏原市で第1号のつどいの広場が生まれました。大阪府内にこのような広場は60ヶ所近くあります。

「ドレミファごんちゃん」は古民家をリフォームしたどこか懐かしいあったかい親子広場です。

すてきな笑顔でいるためにちょっとホッとしに来ませんか？

ごんちゃんスタッフ紹介

代表　山本　清茂
広場と地域の橋渡し。
子供たちをあたたかいまなざしで見つめます

武富　緑
2才と6才の娘のママ。
皆さんと共に泣いて笑って怒って(;－;)子育てを楽しみたい！

大橋　紀恵
人生の大先輩。
子育て以外のことでもお話聞きます

桑原　雅美
9才娘、12才息子を持つちょいベテ(ちょっとだけベテラン)母。何でも一生懸命!！をモットーに皆さんと仲良く出来たらな～と思っています

武富　正博
パソコン仕事の縁の下の力持ち。パパ参加の集いも企画したいな

第3者委員　関　孝
広場へのご意見ご要望をお聞きします

見守りボランティア
「ちっちゃい子を見てると和むわ～」とドレミファごんちゃんを支えて下さる地域の方々。色々な世代の方とお話することで様々な価値観にふれ子育てにもゆとりが生まれるのではないでしょうか？

手作りおもちゃにご協力ください　～みんなで集めて作ろう～

ペットボトル・・・・・・・・ボールころころ　　マラカス
牛乳パック・・・・・・・・・ブロック　子供椅子　　子供机
空き缶・・・・・・・・・・・缶積み　　缶馬

お家で不要になった物を
「ごんちゃん」で使わせて下さい

絵本・ままごとセット・クレヨン・色ペン
色鉛筆・紙・折り紙・リボン　　などなど

上手な作り方や
他の楽しい
手作りおもちゃ
教えてください

Ｉｃａｎ（アイキャン）登録してみませんか？

「毎日のストレッチはかかさないわ」「おやつ作りはまかせて」「パソコン得意よ」

「お花飾るのが好き」など【あなたのできること】を**ごんちゃん**で生かしてみませんか？

登録して頂ける方はスタッフまで。

かわいい利用案内パンフレットは**Ｉｃａｎ登録の阪口倫和里さん**、また
ティーホッとサロンの手作りケーキは**Ｉｃａｎ登録の椋本順子さん**の作品です。

見守りボランティアの参加お待ちしています

年齢性別問いません。やわらかほっぺの子供達とふれ合いませんか？

「紙ひこうき作ろうか」「畑のかぼちゃ見せたげよう」

「大変やろうけどかわいいなあ」・・・世代を超えたふれ合いで**ドレミファごんちゃん**が憩いの広場になることを願っています。

ご都合よい日、ご都合よい時間で結構です。ご登録よろしくお願いします。

ありがとうございました!!
素敵なトールペイントの広場の看板は
間下和美さんの作品です

編集後記

暑い暑い夏でした。厳しい暑さの中、急ピッチでビハーラの家のリフォームをして頂きありがとうございました。お蔭さまで快適な場所でスタートすることが出来ました。**ごんちゃん**での色々な方との出会いを楽しみにしています。　MIDORI

【問い合わせ先】
〒582-0017
柏原市太平寺2-5-9（安明寺ビハーラの家）
親子広場　ドレミファごんちゃん
TEL　072-970-3900
FAX　072-970-3901
閉館時は090-8379-1913

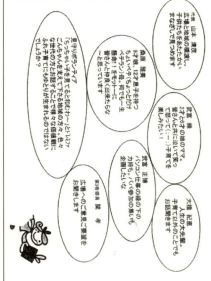

月・水・木9:30～15:30　お気軽にご利用ください

ティーホッとサロン	時間内なら いつでもどうぞ		大人1ドリンク(お菓子付) 200円
親子リズム	月・水　11:30～		お子さまのペースで楽しみましょう 楽器や歌、ダンスでノリノリ♪
ごんちゃん文庫	随時	貸し出しは していません	お気に入りの絵本を見つけてね 子育てのヒントになる本もあります
絵本よみきかせ	月・木　11:00～ 13:30～		文庫ボランティアによる 絵本よみきかせや紙芝居
	第4月　11:00～ 10月スタート		司書であり2才のお子さんのママでもある Ican登録の鈴木温美さんによるお話し会
発達相談	第2木10:30～11:30		個人差の大きい時期は何かと気がかり。一人で悩まず専門の先生に相談しましょう。
母性相談	第4水10:00～11:00		「おっぱい足りてるかな」「卒乳どうしよう」「何だか不安・・・」そんなママや赤ちゃんの心配ごとを助産師さんが聞いて下さいます

9月カレンダー

月	水	木
4	6	7
よみきかせ リズム	リズム	よみきかせ
11	13	14
よみきかせ リズム	リズム	発達相談 よみきかせ
18	20	21
休み	リズム 折り紙	よみきかせ
25	27	28
よみきかせ リズム	母性相談 リズム	よみきかせ

お楽しみ教室　✿折り紙✿

1枚の折り紙が「あら、ふしぎ！」
アンパンマン・ピカチュー・動物たちに
大変身！
季節に合わせて
お家に飾る物も大人気。
第３水1：00～　成田先生

＊対象は0歳からの就園前乳幼児です。
お兄ちゃんお姉ちゃんと一緒のご利用は
13:30以降にお願いします。

ぶどう狩り　季節の行事

参加されない方はいつも通りビハーラの家を利用出来ます。

10月5日（木）11:00～13:30

雨天延期（予備日10月11日水曜）

集合　10：50　ビハーラの家
場所　田中さんぶどう園（徒歩3分）
参加費　大人500円（3才以下無料）
お土産は1kg700円
持ち物　弁当・水筒・ビニールシート
虫よけ　長ズボンがおすすめ
申し込　広場内掲示の申込用紙に記入。
当日参加もOK！
参加費は当日集めます。

おねがい
お子様にけが・事故などないように保護者の方が責任持ってお気をつけ下さい。

10月カレンダー

月	水	木
2	4	5
よみきかせ リズム	リズム	ぶどう狩り よみきかせ
9	11	12
休み	ぶどう狩り予備日 リズム	発達相談 よみきかせ
16	18	19
よみきかせ リズム	お話し会 母性・折り紙	よみきかせ リズム
23	25	26
お話し会 リズム	休み	よみきかせ リズム
30		
よみきかせ リズム		

絵本とおはなしボランティアグループ
「てんとう虫の会」が
やってくるよ

１０月１８日（水）

１０時３０分から

ママのおひざで絵本や
おはなし・かみしばいを
楽しみましょう

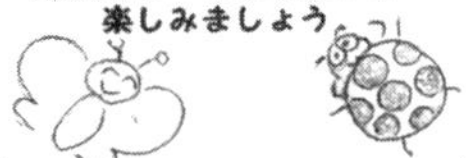

＊10/25は臨時でお休み。
10月の母性相談・親子リズムの日を
変更しています。

ごんちゃん通信

平成29年度　10月号　No.130

発行：柏原市つどいの広場「親子広場ドレミファごんちゃん」0才からの憩いのおうち

ぶどう狩り　10/5(木)

10:30～14:00　随時　雨天中止　小雨決行

参加費：大人1人500円/4歳以上1人300円

お持ち帰り分は別。

持ち物：長袖長ズボン・虫除け・ビニールシート・飲み物・着替え

畑でお弁当を食べることが出来ます。ベビーカーOK。

申し込み：申込用紙に記入してください。当日参加も可。

ごんちゃんで受付し、畑へご案内します

つながる　つながる
Sくんの力作！！

ごんちゃんのひとこま

龍谷大学の学生が今年も9名見学に来ました。ママ達は学生が子どもと関わりやすくなるようにそっと絵本を渡してくれたり、学生の膝の上に赤ちゃんをあずけてくれたりしてご協力頂きました。学生のレポートには「私たちを優しく受け入れてくださり大事なお子さんを抱っこさせて頂き、温かい気持ちになりました」と書かれていました。

春夏秋冬

長女の高校最後の体育祭が終わりました。ひとりで立っているだけで感激した幼稚園から数えると14回目の体育祭。おそらく娘の体操服姿を見るのはこれで最後です。クラスの仲間と肩を組み、力を出し尽くして涙する子ども達。家では見ることの出来ない娘の姿に「先生方、お友達ありがとう」という想いで溢れました。最後の記念に私も生まれて初めて、PTA競技の玉入れに出場し燃えました。運動が苦手で子供の頃は体育祭なんて大嫌いだったのですが、こんなに嬉しくて嬉しくて熱くなれるなんて。子育てにおける葛藤や悩みがあればあるほど、たくましい子どもの姿は大きな喜びになるのですね。子どもに負けじと玉入れに真剣勝負の親たちの汗だくの顔はキラッキラで毎日ご飯を作り、叱咤激励して子どもと向き合って来たことを共に喜びあえたひとときでした。
今までは帰宅した娘を「よく頑張ったね」と言って迎えていましたが、今年はただただ「ありがとう」という気持ちでいっぱいになりました。この気持ちをしっかり蓄えてこれからの色々なことにまた立ち向かっていきます。　MIDORI

柏原市つどいの広場　ドレミファごんちゃん
〒582-0017　柏原市太平寺2－5－9　安明寺ビハーラの家（駐車場6台）
ＴＥＬ/072－970-3900　ＦＡＸ/072－970-3901　閉館時/090-8379-191
メールアドレス/oyakohiroba-gonchan@road. ocn. ne. jp
（メッセージや子育て相談はこちらまで）
旧170号線「太平寺北」交差点　東へ徒歩5分

10月カレンダー9:30～15:30

月	水	木
2	4	5
リズム	リズム	ぶどう狩り
9	11	12
祝日休館	リズム	リズム 英語であそぼう
16	18	19
リズム	リズム	母性相談
23	25	26
お散歩	発達相談	リズム 英語であそぼう
30		
ママカフェ		

予約不要。都合で急に予定変更する場合があります。
柏原市こども未来部こども政策課ホームページで
毎月のカレンダーをUPしています。

親子リズム 担当：武富/川村	11:00～11:30	童謡や手遊びのほか、打楽器でリズム遊び・ダンス・わらべ歌遊びなど親子で楽しむプログラムが盛りだくさん 0才～参加できます。
英語で遊ぼう 担当：山田	月2回木曜 10:40～11:00	歌や遊びを通して楽しく英語とふれあいます。 0才～参加できます。 ママといっしょに Enjoy！
発達相談 第4水曜 青木道忠先生	10/25（水） 10:30～11:30	個別相談できます。 お子様の行動で気になることはありませんか？ 体や心の発達で心配なことをご相談ください。 幼稚園や小学生以上のお子様のご相談にも応じます。
母性相談 第3木曜 矢場清栄助産師	10/19（木） 10:30～11:30	今月は「子宮がんについて・早期発見の重要性」 妊婦さんもぜひどうぞ。 個別相談できます。母乳育児の悩み、卒乳・乳腺炎・母乳が足りているか心配・・・などご相談ください。
ティーほっと	随時	100円でお菓子付。コーヒー・紅茶・ゆず茶。 スタッフに声をかけてください。ごゆっくりどうぞ。
ランチタイム	12:00頃～	ご持ち込みでどうぞ。お湯・電子レンジあります。 ゴミは各自でお持ち帰りお願いしております。

保育士さんと遊ぼうは決まり次第掲示してお知らせします

汐の音・鈴の音・空は晴れ vol.64

今春から始まった連続テレビ小説はちょうど私の親世代が主人公のお話です。今まで意識してこなかった両親の生きてきた時代を感じる事が出来ました。特に集団就職という言葉は知っていましたが故郷を離れる日が刻々と近づき、親の立場、子の立場それぞれの葛藤や不安が描かれていて毎日泣きながら観ていました。親として毅然と送り出す姿、そして陰ながら涙する親心が痛いように分かり、我ながらこんなに泣けるものかと思う程でした。同時に中学を卒業したての父が故郷を旅立つ日、どんな想いで汽車に乗ったかと思うとまるで父が我が子のように思われ「よくがんばったね」と言ってしまいました。その父が大阪で築いた家族3世代でこの夏、故郷へ帰りました。童心に戻り幼なじみと盆踊りを嬉しそうに踊る姿に若い頃の父を垣間見た気がして心が熱くなった夏でした。

英語であそぼう担当：Coo

お散歩　10/23（月）11:00～11:30　雨天中止

色づいた葉っぱ、どんぐり・・・小さい秋見つけに行こう！

ベビーカー不可。抱っこひもをご用意ください。

ママカフェ　10/30（月）11:00～

トークテーマは「今、欲しいもの」

秋のスイーツとドリンク付です

おわりに

「お寺で子育て支援を始めたいが、どんなことをすればいいのでしょうか」と尋ねられることがあります。

五組ほどのお友だちを誘い安明寺の本堂で「ドレミファごんちゃん」を始めてから一六年、安明寺ビハーラの家で柏原市のつどいの広場として委託を受けてから一〇年が過ぎました。今では柏原市の広報にも行事予定が載り、市内全域から親子がつどいます。最初からこのようなことを予想して始めたわけではなく、目の前の求められていることに応えていくうちに大きな広がりとなりました。

開設一〇年を機に、これまでのあゆみを『ごんちゃん通信』のコラム「春夏秋冬」と「ごんちゃんのひとこま」を通して振り返ってみました。そこで見えてきたことは「今、何をすべきか」と促してくれた両親、そして両親が「この人に相談すべき」と繋いでくれた矢場清栄先生や青木道忠先生をはじめ、ご指導いただいた先生方、そしてボランティア・スタッフの皆様の存在です。また、ごんちゃんの活動で大切なことは何かを、家族や友人との関わりで気づかせていただきました。

三年前、私は得度を受け僧侶としてのあゆみを始めました。お寺に生を受けたものの、四六歳までそういう気持ちにならなかった私に背中を押してくださったのも、ごんちゃんでのたくさんの方々とのご縁のお陰です。自分だけのちからで動いているように思えることも、目に見えない、今は気づいていない大きなはたらきに導かれているように思います。また、この時期と同じくして、二〇一六（平成二八）年、安明寺本堂屋根の大修復も行われました。永く安明寺を支えてこられたご門徒総出のご尽力で三八〇年前の瓦が下ろされ、平成の瓦が葺かれました。この歴史的瞬間に遇えた慶びとごんちゃん開設一〇年の喜びが重なり、大変ありがたいことと感じています。また、ごんちゃんを始めるきっかけをくれた長女が一八歳のこの春、保育士をめざして大学に進学します。次世代に繋ぐ喜びも娘に教わりました。

どんな限られたスペースであっても、いつでも待っていてくれる人がいる……どなたにも、そんな場所が歩いて行ける距離にあれば、どんなに心強いことでしょう。これから新たに始められる活動に、ドレミファごんちゃんのこれまでの記録が少しでもお役に立てば幸いです。

最後に、この本の出版を勧めてくださった青木道忠先生、そして青木先生のご紹介で、何度も足を運び携わっていただいたクリエイツかもがわの田島英二氏に心より御礼申し上げます。

二〇一七年一〇月　　武富　緑

著者略歴

武富　緑　（たけとみ・みどり）

1968年、浄土真宗本願寺派安明寺長女として生まれる。
同志社女子大学音楽科クラリネット専攻卒。10年間の
中学校や高校音楽科講師、音楽教室講師勤務を経て
「親子広場ドレミファごんちゃん」を立ち上げる。僧侶。

〒582-0017
柏原市太平寺2-5-9
安明寺ビハーラの家
oyakohiroba-gonchan@road.ocn.ne.jp

親子広場　ドレミファごんちゃん
0歳からの憩いのおうち 安明寺ビハーラの家

2017年　11月　30日　初版発行

著　者　©武富　緑

発行者　田島 英二　info@creates-k.co.jp
発行所　株式会社 クリエイツかもがわ
〒601-8382 京都市南区吉祥院石原上川原町 21
電話 075(661)5741FAX 075(693)6605
ホームページ http：//www.creates-k.co.jp
郵便振替 00990-7-150584

印刷所　新日本プロセス株式会社

ISBN978-4-86342-225-4　C0037　printed in japan